산 복 도 로

강 영 환 시집

강영환 시십

산복도로

지은이 강영환
펴낸이 최명자

펴낸곳 책펴냄열린시
주　소 부산광역시 중구 중앙동 3가 14-1번지
전　화 051-464-8716
출판등록번호 제 02-01-256호
출판등록일 1991년 2월 4일

발행일 1판 1쇄 2009년 5월 10일

값 8,000 원

ISBN 978-89-87458-67-0 03810

날 추락시키지 않고 산복도로
높은 지위를 유지해 준 것 고맙다
아침저녁 걸었어도 물리지 않던 길
부산항을 툭 터서 가슴 높이로 보여 주었고
멧비둘기 머리 위로 가끔 지나
까치 노래에 배시시 웃음 띠던 출근길
오륙도 동 터 오는 아침을 만나며
두 다리를 반듯이 너를 걸었다

「자주 걷는 길」 중에서

강영환은 경남 산청에서 태어나 1977년 동아일보 신춘문예에 시 「공중의 꽃」으로 등단. 1979년 『현대문학』 시 천료(필명 강산청). 1980년 동아일보 신춘문예에 시조 「남해」 당선. 시집으로 『칼잠』 『불순한 일기 속에서 개나리가 피었다』 『쓸쓸한 책상』 『이웃 속으로』 『황인종의 시내버스』 『길 안의 사랑』 『놈-철들무렵』 『눈물』 『뒷강물』 『푸른 짝사랑에 들다』 『집을 버리다』가 있고, 「현대시」 씨디롬 시집 『블랙커피』. 시조집으로 『북창을 열고』 『남해』가 있으며, 지리산 연작시집으로 『불무장등』, 『벽소령』 『그리운 치밭목』이 있다. 월간 『열린시』 주간을 역임하였고 현재 〈남부시〉 편집위원, 〈얼토시〉 동인, 〈한국작가회의〉 회원이며, 〈이주홍문학상〉, 〈부산작가상〉 수상.

□ 앞에 써 두고 싶은 말

평지가 모자라는 부산은 산허리까지 판잣집들이 지어져 동네가 만들어졌다. '산동네' 혹은 '달동네' 라 했지만 나는 '하늘동네' 라 명명했고, 동네를 가로지르는 길을 내고 '망양로' 라 불렀지만 이웃들은 그냥 '산복도로' 라 했다.

그 길에서 바라다보이는 북항, 그리고 주변에 사는 이웃들, 끈끈한 사람 냄새가 묻어나는 곳을 떠날 수 없어 지켜온 40여년의 삶터, 포기할 수 없는 이유가 내 살점처럼 떨어져 민들레로 피었다. 날듯말듯한 향기라도 있었으면 좋겠다.

몇 편은 시집에 묶인 것도 있지만 그 이름으로 시집을 내면서 흩어져 있던 것을 한자리에 모아 본다. 이제 산 5번지에서 조금은 자유로워 질 것 같다.

발문으로 재수록을 허락해준 세 분께 고마움을 전하고 함께 살아 온 이웃들에게 축복을 돌린다.

2009. 봄볕아래 저자

산복도로
연작시집

무당
—산복도로 · 1

동쪽을 향하여 물을 뿌리고
서쪽을 향하여 칼을 저었다

저희끼리만 붙붙어 사는 잡귀들이 쓰러져
오래된 강으로 가고
더 넓은 마당가에서 일어서는 말이 죽은 사내
이웃과 이웃의 담장 너머로 손을 흔든다
정신없이 말이 죽은 이웃은 둘러서서 보리라
그들의 말로 춤추며 물을 다스리고
칼을 부리고 잠깨어 있는 밤을 위하여

북을 울린다
대를 잡는다

흐트러져 앉은 잡귀들의 옷매무새를 움켜쥐고
냉수사발에 고여 있는 몸서리
물러가라, 물러가라 잡귀들은
그들의 말로 하는 싸움

남쪽을 향하여 소금을 뿌리고
북쪽을 향하여 물을 뿌렸다

땅꾼
—산복도로 · 2

돌밭을 간다 해는 어깨 위에 소금으로 내리고
어린 새낄 데불고 풀숲을 간다
뱀 눈으로 몰아쳐 가는 숲 속에서 빛나는 손과 발
터져 오르는 환희를 손끝으로 넘기고
마른 눈을 번쩍인다
살의를 예감하는 날카로운 이빨
이빨 속에서 아름답게 피는 새끼들의
양귀비 밭으로 사악한 혀로 양귀비 밭을 간다
독니를 뽑힌 채 독사의 매끄러운 몸체로 간다
독사가 잡히지 않는 빈사의 거리를
새빨간 눈으로 소금은 불붙고
나는 아직 어린 새낄 데불고 풀숲을 간다
돌밭을 간다

밀양댁
—산복도로 · 3

홀로 소리 내어 울었다
바닷가 자갈마당은
달밤이면 으득 으득 으드득
알몸의 관절을 드러내고 구울르며
비가 올 때도 바람 불지 않을 때도
그래, 높은 햇빛 속에서도 모난 돌이
안으로 다져 온 눈물도 없는 울음을
가슴을 열고 펴냈다 그렇게
천년을 구르다 보면 모가 깎일까

벌거벗은 돌들이 모여 살 부비며
썰물로 떠나는 소리를 보았다
너무 멀리 있는 바다
누가 불러 섬에 앉힐 것인가
울다 소리치다 부서지다
다시금 숨죽이며
깨어진 달빛을 울음 우는 섬
가슴에 밀려 드는 파도를 받았다

명동明童이

—산복도로 · 4

무동을 타고 아이야
바다를 보아라
네 눈의 높이까지 바다를 이끌고
바다 속 깊이까지 속속들이
제방을 타고 넘는 속마음을
무동을 타고 아이야
우리들이 지닌 수족으로 갈 수 없는
수면 위로 명멸하는 금은의 나라
지켜 선 등대
담 너머에서는 무엇이 이루어지는가를
꿀 먹은 눈으로 손짓해
키 작은 아이에게 일러주며
무동을 타고 아이야

젖은 발자국
—산복도로 · 5

몸 구부린 여인의 가랑이 사이로
바다가 밀려왔다 다 큰 바다
무인도의 깊은 곳을 적시며
날마다 죄 짓는 입술과 만난다
못 볼 것을 본 시내의 발지국이
가랑이 사이로 걸어갔다
구부러진 길을 따라 요분질치다
짙은 색으로 길들여진 바다
출렁거리는 물결이 눈을 감겼다
여인이 바다를 낳고 언덕을 넘었다
오래 전에 포장을 끝낸 길이
젖은 발자국을 깊이 감췄다

청소부
—산복도로 · 6

길은 먼 길 잎 지는 가로수
가지 끝에 나뭇잎 다 쓸어야 한다
해가 지기도 전에
몽당 빗자루에 겨울이 오면
못 먹어도 살이 찌는 청년기를 지나
떨어지는 부처님 손바닥
끝나지 않는 먼 길 일감이다

길이 없어 돌고 돌다 멈춰 선
쓸어도 닿지 못하는 하늘가에
벚나무 가지 끝 잎, 잎을 태우는
바람은 칼바람 그게 아니어도
늦은 겨울비에 지는 잎이 눈물이다
지기도 전에 다 쓸어야 한다
쓸기도 전에 다 태워야 한다

작은방 이씨

—산복도로 · 7

아플 때 이웃은 손을 들었다
구겨진 내장의 힘으로 마지막 손을 든
손 든 뒷모습만 보였다
끝내 불리어지지 않는 손으로
불덩이 속을 이마가 걸어갔다

찢어진 대로 어깨를 버리고
부서진 대로 다리를 버리고

맛없는 담뱃불을 끄고 돌아앉으면
벽에 그려진 그림자가 손을 내렸다
더 이상 갈 곳 없어 돌아 설 때
아파도 불러주지 않는 이웃이
빈손인 채 빈손을 버렸다

구토

—산복도로 · 8

아이들이 골목에서 구토를 했다
하느님 몰래 마신 술을 토했다
취해 넘어진 어른들의 그림자를 밟고
골목에서 나오지 않았다
아이들은 쌀밥, 보리밥, 그리고 콩밥
알몸으로 술래잡기를 하고
숨어서 잘 도는 팽이가 되었다
제 풀에 꺾이는 어른들의 팽이채가
막다른 골목에 어둠을 들일 때
죽지 않고 애써 살아있는 술래는
담과 담 사이 어깨 기대어
하느님 몰래 구토를 했다

산 5번지

—산복도로 · 9

거울 속에는 돌아누운 집이 있다
물속이 아니래도 거꾸로 보이는
산이 있고 온갖 나무들 뻗은 가지
날아오른다는 것이 떨어지는 새들
눈물 도는 어지러움 속으로
무채색이 어울리는 동네
어깨와 어깨 맞대고 돌아누워
거울 속 아니래도 왼쪽으로
기울어진 어깨가 자주 아픈 집

침상 곁에서 울어대는 풀벌레 소리에
돌아누운 잠이 더 편하고
눈 흘겨대는 꿈속이 아니래도
눈물은 거꾸로 앉아
바람이 닿지 않는 마을 집들은
돌아보는 슬픈 눈을 가졌다
만나서 왼 말만 나누는 거울 속에서
유채색에 꼭 숨어있는 마을
집적여도 길은 보이지 않는다

생선장수

—산복도로 · 10

좌판 위에서 종일토록
가랑비를 맞고 있다
내장에까지 젖는 빗소리
맨살에 닿는다
매서운 눈 꼬리를 치켜뜨고
산을 넘고 넘어서
이웃은 그냥 지나쳐 버리고
일어 설 수 없는 비늘
터지면서 부러지면서
끝끝내 까무라친다

껍질 벗긴 꼼장어가 맨살로 엉겨
꼬무작거리고 있다
좌판 위에서 최후까지
목이 쉬어 남아 있는 바다
천천히 토해 내면서
이글이글 불타고 있다
여름 햇살
붉은 팔뚝으로 남정네들이 떠나간 바다

떠나서 돌아오지 않는 바다를
큰물로 앉아 꿈틀거린다

시영아파트

—산복도로 · 11

미아들이
한 치 빈터도 없이 채마밭을 둘러 놓고
햇살로 만든 집이다
작고 밖이 보이지 않는 젖빛 유리창
버짐처럼 일어나는 페인트를 다시 칠하며
가파른 언덕에 겨울을 세웠다
출구가 보이지 않아도 아이들이
창밖에 화톳불을 놓아 눈길을 녹였다
길이 묻힌 밭에서 엄마들이 언덕 아래로
돌맹이를 굴려보낼 때 관절염은
금간 기둥에 창을 닫지 못한다
별빛으로 밝힌 창에
낮은 방들이 하나 둘 기지개를 나누고
불을 켜러 북항에 내려갔다

열린 문
—산복도로 · 12

눈 먼 하늘이 얼었다
골목, 골목마다 살갗을 에이다 만 칼날이
방안 가득 서릿발을 남기고 이웃은
가지 못할 꿈길로 창백하게 떠났다
잠 속 꿈길이 젖었다
어디로 갈 것인가 망설임이 덕지덕지
터지고 구멍 뚫린 창유리
비명을 질러도 소리가 나지 않았다

너희에게 꿈이 있는가
너희에게 잠이 있는가

섣달그믐 밤
대문 밖에서 개가 짖었다
커엉, 커엉, 커엉

문을 열어도 들어오지 않는다

종이집

—산복도로 · 13

날개 달지 않아도 날아갈 걸
수평선 끝까지 눈을 뜨고
산등성이 파도 위로
노란색, 검정 색종이 날리며
바람 따라 흔들리는 집이다
지붕위로 오르는 남자들은
몸 구겨진 속에까지 펄펄 바람이 나도
산등성이에서 구름을 타는 집
자주 하늘이 내렸다

비여, 하늘비여
녹슨 못을 움켜쥐고
하늘 가에 이르는 아내의 목소리가
무너져 내렸다 가까이 오지 않는 비는
삐걱거리는 소리 잠재우고 마디마다
튼튼한 못을 쳤다 못은
내실 깊은 데까지 찔러
풍선처럼 부풀어 고여 있는 꿈이
붉은 피를 흘렸다

새
—산복도로 · 14

수시로 쏟아지는 비, 물이 아니었으면
머리맡으로 파고드는 차가운 물방울에
가려도 남는 남루가 젖고
지붕 없는 마을 뼈대도 튼튼하지 못한 집이
하수구 없는 골목길에 발목이 젖었다
천 줄기 비가 한 줄기 햇살이었으면
삼년 가뭄 끝에 쏟아지는 비라도
눈 못 뜨게 하는 모래였으면 차라리

우산 없는 아이들이 나가놀지 못하고
금간 유리창에 파랑새를 그렸다
젖어서 추락하는 날개 죽지
비가 한줄기 바람이었으면
바람타고 지워도 지워지지 않는 새가
날았으면 낮게, 낮게
땅바닥에 눌러 사는 게딱지 위로
절망하는 비가 소리로 남는다

까마귀

—산복도로 · 15

까마귀가 마당에 모여 모이를 쪼고
배고픈 아이들이 까마귀를 키웠다
시커먼 날개는 더 시커멓게
발바닥도 더 시커멓게
까마귀는 꼭 비둘기만 같다
잽싸고 약삭빠르게 이동하며
아이들의 손아귀를 벗어났다
시커먼 떼거리로 모여
아이들이 던지는 모이를 쪼아 먹었다
뒷마당에서 물구나무 선 채
부화하는 새끼를 노리는 아이들이
굶주린 비둘기를 까마귀라 했다

버려진 십자매

—산복도로 · 16

길에 버려진 십자매가 울었다
이사 때 버리고 간 새장 속에 남아서
누군가에게 구조신호를 보낸다
번번이 부딪혀 오는 창백한 허기
닿지 못하는 하늘에는 가지 않았다
새장은 끝없이 열려 있어도
울기도 하고 노래도 하고 날기도 하고
함께 있어도 깃털 뽑힌 십자매와
힘에 부쳐 길을 만들 수 없으므로
문 밖에 나서지 않았다
끝없이 열려 있는 시영 아파트
창가에 새장을 걸어두고
갇히기를 좋아하는 자매들과 함께
다른 길이 없어 눌러 살았다

아파트 개
—산복도로 · 17

공원 시계에 눈먼 시간이 흘렀다
외로운 이웃을 대신하여
스스로 빛나고 싶은 개들이 앞서고
줄을 잡고 뒤를 따르는
파란만장한 생이 출렁거렸다
닫힌 문 안에서 슬하에 키우는 개는
생각과 달리 흔들리는 꼬리가 있다
개를 사랑하는 일을 게을리 말라
흔들리는 꼬리에는 독이 있으므로
주둥이만 길게 늘어뜨린 개는
문 안에서 사랑하는 여인을 버렸다
미친 사랑이 가까이 있으므로
문밖에 혀를 버리러 나갔다
귀도 눈도 입도 헐값에 넘긴 뒤
목 디스크로 구부정한 개가
받지 못한 사랑을 풀었다

국민주택
—산복도로 · 18

집이 잠을 잤다 잡목과 억새에 뒤덮여
수 천 나뭇가지 흔들었다
떨어진 가랑잎이 굴러 뒤척여도
아침 눈 속에서 끄떡없는 잠을
첩첩한 이웃과 나눴다

기둥 흔들려도 달디 단 뼈대
그 안에 여린 후손을 감싸 안고
자장가를 부르시는 어머니
발치에까지 널려있는 낮은 집들이
속살 하얀 젖을 물렸다

산보다 더 깊은 잠을 떨치고 일어나는
같은 옷을 입은 집들
덧칠한 색상이 낡고 병들어 갈라져도
간간히 마른기침을 토하는 하늘동네
눈 먼 이웃을 깨웠다

무허가

—산복도로 · 19

풀 꺾인 잡초 우거진 언덕에다
집을 지었다 오래오래
허물었다가 세우고 다시 허물며
쓰다버린 골판지와 천막을 이어 붙였다
바람 앞에 산산이 무너져 내릴지라도
비에 젖지 않고 이슬에 젖지 않는
돌아앉았어도 넉넉한 집을 이뤘다
바람은 억센 팔뚝을 드러내며 가끔
부끄러운 기초를 흔들었다
굵은 모래와 자갈로 황폐한 뿌리들
이웃들은 아침 계단을 오른다
그때 보아라 언덕 위에서
금빛 지느러미를 번뜩이며 살아나는
크고 작은 아늑한 집들 그러나
자주 자주 흔들리는 눈물

홍경씨의 바람

—산복도로 · 20

내 나이 때 아버지는 바람을 피웠다
매일 손바닥을 들여다보는 아내
강물 같은 손금이 가파르게 흘렀다
크고 작은 섬들이 저마다 떠 있는 손바닥은
이웃과 이웃들의 망망대해
둥둥 어디론가 끌려가는 시간들
끝없이 멀미를 해도 닿지 않는 피안은
가시덤불 숲으로 가려지고
하늘에 뿌린 별들과 끝없는 허공 속으로
넘어져 있어도 아무도 거들떠보지 않는
바람피우던 아버지 나이 때 나는
하늘에다 삿대질을 해댔다

겨울 그늘

—산복도로 · 21

눈이 내렸다
금 간 유리창 밖에 쌓이지도 않을 눈이
새 순도 풀뿌리도 몸을 숨긴 언덕
슬픔이 쌓일 수 없는 골목길에 눈이 내렸다
내려서 허옇게 숨 쉬며 그늘에 숨었다

푸른 햇빛 아래서 여지없이
마음도 제자리 정하지 못한 채
밀리고 떠밀리어 그늘로 몰리는
허연 이빨, 잇몸 드러내며
숨어서 슬프게 웃는 그림자다

창밖으로 떠난 뒤에도 마음은
숨어 간 눈 함께 첩첩히 쌓이고 쌓여
햇빛 속으로 눈물이 녹아
햇빛 안고 흘러간 자리
옷 두꺼운 이웃만 무리져 남았다

입에 풀칠하는 일

—산복도로 · 22

한 달에 십만 원이나 준대
통근버스도 있고 그렇지
의료보험도 된다는데
8시 반에 산복도로로 버스가 지나간대
애들 밥 멕여 보내 놓고 치우고 가도 충분해
오후엔 여섯 시 반이야
저녁이 늦어질란가 그러나
여름에는 해가 길어서 뭐 별로
돈은 작지만 공사장 막일하는 것 보담 낫지 암
고무신 공장에서 하는 일이 별다를까
뭐라 카드라 아, 그 그래 고무신 입에
풀칠하는 일이라 카드라
할라면 하고 말라면 말아
할 사람은 얼마든지 있으니까
나, 간다 잘 있어 연락해

" …… "

땔감

—산복도로 · 23

아직도 나무를 땔감으로 쓰고 있는
구봉 떡방앗간에서는
가구류나 찬장은 쓰지 못한다 해도
누가 갖다 놓았는지 아침이면
헌 장롱이나 찬장이 버려져 있었다
골목길 한 켠에 버림받은 가구는
여인의 손때 묻은 반짇고리만 같아
감추어도 흐르는 눈물이 보이느니
삐딱하게 붙어 있는 문짝 틈으로
구비 구비 펼치던 새각씨 원앙금침과
다툼의 흔적까지를 간직한 채
눈물 마른 모습으로 서 있어 눈물겹다
땔감으로도 쓰이지 못하는 폐물이 되어
길바닥에 팽개쳐진 장롱, 찬장도 이제
떨어져 뒹구는 피붙이 같은 걸
아직도 땔감을 나무로 쓰고 있는
구봉 떡 방앗간 골목에는
아침이면 버려지는 장롱이 있어
힘들었던 역사를 감출 수 없다

오래된 새벽
—산복도로 · 24

다들 깊이 잠들어 있는 어스름 속
두부장수 종소리가 어둠을 지웠다
먼동 터 오는 골목길에는
오십년 기침소리에 피가 묻어났다
또출네 할배 떠나 온 북녘 땅이
가고 싶은 피눈물을 얼마나 쏟았기에
북창을 젖히고 새벽을 부를까
덜 깬 잠이 남아 있는 내 귀에
북창으로 도요새가 날아간다
다하지 못한 하늘이 남아있고
여명은 멀다 남은 갈 길처럼
누군가가 평생 애간장을 끊어
골목에다 마른 날개짓을 토했다

낯선 귀가

—산복도로 · 25

오래되니까 아내 이름도 높아졌다
취하지 않으면 넘지 못할 문턱처럼
하늘 아래 푸르고 푸른 물결
높은 이름을 부르며 낮게 기어
저물녘 붉은 언덕을 혼자서 넘었다

넘어지면 일어나고 다시 무너지고
그래도 올라야 할 산허리 높은 집은
저녁 한 때 내리는 소낙비에도
흙탕물 덮어쓴 채
뚝뚝 새는 빗방울을 받들고 섰다

가파른 언덕을 오르면 골목길이 좁다
조심해도 자꾸만 발빠지는 허방 속으로
돌부리 채인 발가락에 피가 터진다
넘어져 깨진 노래를 지우기 십년
셋방 높은 다락에 해가 떴다

감기몸살

—산복도로 · 26

벌거벗은 무게로
침몰하는 벼랑 끝이다
안개로 풀어 마시는 물을 따라
버리지 않고는 닿을 수 없는 언덕
땀 절이 수없이 바꿔입는 몸을
마저 벗고 돌아 누워도
눈 시린 불빛이 다가 와
들여다보아주는 이웃의 그림자와
참고 참았던 춤을 못내 풀었다

발바닥에 남은 응어리가 나를 버린다
눈에서 불꽃을 밀어낸다
돌아와 잠든 비명을 숨기고
가등 불빛에 몸을 의탁해
온기 서린 길을 찾아 나서느니
거리마다 갈아 앉는 저녁 어스름
이웃이 토해내는 먼 기침소리에도
너울너울 불붙은 침몰 속으로
신열은 비루먹은 몸을 끌고 갔다

지붕 위에서

—산복도로 · 27

장대비가 남김없이 하강하여
방안을 떠도는 양푼이들
남루한 발자국 지나간 산 5번지

종이 지붕은 오지랍이 넓어서
검게 탄 자식들이 모여 들어
발 빠지는 뜨거운 지붕에 올라
천정에 발을 담그고 둘러 앉았다

넓은 하늘과 만나고
깊은 하늘과 만나고
높은 하늘과 만나고

하하하 웃음소리로
하늘 새는 틈을 수리했다

손바닥을 보며

—산복도로 · 28

손바닥 껍질이 벗겨진다 가을에도
한 번 벗겨진 후 다시 벗겨진다
못 박힌 발바닥도 마찬가지
일하지 않더라도 손바닥 껍질이 벗겨질지
식솔들의 입이 점차 커지고
첫째가 학교에 가는 내년이면
네 번 쯤 벗겨질지 아니면
터져 피가 흐를지

작은 눈으로 무엇을 배울 수 있을까 첫째는
남 다 가는 대학에라도 보내야 할 텐데
전전하는 사글셋방 벗어나지 못하고
자꾸만 벗겨지는 껍질 속으로
가고 싶은 집들이 멀어져 보인다

이제 막 걷기 시작한 골목길에서
아랫도리 벗은 둘째가 비틀거리며
울고 들어온다 철없는 것
넘어져 다치지나 않았는지

올 겨울에는 옷이라도 한 벌 따뜻하게
사 줄 수 있을지 둘째는
남 다 가는 유치원에 보내야 할 텐데
손바닥을 들여다본다

모닥불

—산복도로 · 29

모닥불에 살찌우는 겨울 공사판
하루 벌어 먹고사는 이웃들이 둘러서서
정강이뼈가 아리도록 모닥불을 피웠다
때 없이 지붕 위에 내리는 진눈깨비에
눈썹까지 젖은 식솔들이 무릎 세우고
마주 앉아 오두방정을 떨고 있을 때
볼우물 깊은 하늘동네 형구 애비
시린 살이 붓도록 불 지피고 앉아
이웃들 그늘까지 던져 넣으며 종일토록
사그라질 모닥불 목마르게 태웠다

자전거 배달

—산복도로 · 30

자전거를 타고 언덕길을 오르는데
자전거가 자꾸만 뒤로 밀렸다
랄, 랄, 라… 하는 수 없이
자전거를 끌고 언덕을 올랐다
꼭대기에서 한 숨 돌리고
자전거에 올라 언덕길을 내려가는데
페달을 젓지 않아도 자전거는
절로 속력이 났다 랄, 랄, 라…
앗, 근데 글쎄 그때
브레이크가 말을 듣지 않았다
뒤에 실린 순두부가 걱정이다

개다리

—산복도로 · 31

이른 새벽 눈 먼 개를 끌고
낮은 다리 밑으로 내려갔다
남부도시 위에 눈이 내렸다 오랜만에
수치스런 풍경을 덮어 내리는 눈발이
다리 위에는 쌓이지 않았다 왜
다리 밑으로 떨어져 눈물이 될까
다리 위를 걸어가는 잡것들
개를 먹는 숱한 발자국소리
피도 눈물도 없이 다리 그늘에 서식한다
여리게 덮인 눈 위로 개가 지나가고
깊이 찍힌 발자국은 오지 않았다
그 놈의 개다리, 그렇게 불렀지만
눈물에도 지워지지 않는 이름이어서
밤이면 슬픈 개가 울었다

급수차를 기다리며

—산복도로 · 32

목 말라 빈손으로 떠도는 이웃들
눈꺼풀 위에서 햇살이 꺼졌다
바닥도 없이 진 그늘이 눌러 붙었다
비를 누가 불러 줄 것인가
더 갈 곳 없는 막바지 언덕 위까지
끝도 없이 긴 물동이 행렬은
흐린 등 뒤 마른하늘에 터벅터벅
낙타처럼 걸어 사막에 이를 것인가

하늘에 이르지 못하는 줄을 밟고서
사막을 건너가는 해 그림자가
산을 넘어갔다 그 때까지
눈물 마른 이웃이 빈손을 비볐다
작은 하늘 등 뒤 무거운 하늘에
마른번개가 일었지만
텅 빈 물동이가 가서 먼저
천둥소리를 허공에 풀었다

미포댁

—산복도로 · 33

모퉁이를 돌아서 걸레질을 했다
등 뒤에서 타는 노을을 지우기 위해
돌아앉는 그림자를 닦았다
돌아서 한 번 더 걸레질을 해 보지만
쫓겨 온 발자국이 얼룩으로 남았다
종일을 돌아도 눈에는 핏발이 새롭고
하릴없이 모퉁이를 돌아서는 그녀는
마음 끝에 남은 찌꺼기를 털어내듯
마른 입김을 내뿜었다 길게
타고 남은 어둠을 재우기 위해
걸레를 바꾸어 다시 앞길을 닦았다
쫓기는 항로 끝은 어디인지
눈에 선 핏발 삭히듯 노을을 지우지만
창유리에는 늘 어둠이 먼저다

판잣집

—산복도로 · 34

산복도로 옆 판잣집들은 띄어쓰기가 잘못된 작문
이다
기운 없이 써내려간 산문이 되지 못한 운문이다
맥 빠진 리듬으로 어깨 결리며 서있는 낡은 단어
들은
의미를 잃은 채 누구 한사람 관심 기울이지 않았다
원고청탁서 없이 마구 갈겨 쓴 후미진 곳의 집들은
눈물이 되지 못한 울음으로 남아서 밤이면
꺼이꺼이 목에 걸린 슬픔을 토하고 낮이면
머리카락 빠진 버짐처럼 이웃이 떠나서 남긴 빈터에
낡은 살림살이를 모아 가까스로 하늘을 가린 집
산복도로 부근에 모여 사는 집들은 서러워도
눈물 나지 않는 운문
다 쓰지 못한 미완의 원고다

막차

—산복도로 · 35

86을 기다리는 사람들은
턱이 왼쪽으로 기울어져 있다
기울어진 어깨로 출렁거렸다
지친 몇 이웃이 기다림을 끝내고
뒤도 안보고 택시를 타고 간 뒤
속이 꽉 찬 막차가 도착했다
모퉁이로 다시 눈길을 주어 보지만
더 이상 버스는 오지 않고 나머지 사람들이
8과 6으로 겹쳐 승차는 끝났다

—지금부터 곡각지점이 많은 도로이므로
  급커브나 급제동이 많습니다
  손잡이를 꼭 잡아 주시기 바랍니다

안내방송이 채 끝나기도 전에 버스는
끓어 넘치는 피를 주체 못하고
가랑거리던 가래를 급히 토해낸 뒤
좌우 또는 급정거에 대책 없이 쏠렸다
말없는 이웃이 앞뒤로 옆구리를 찔러

전해오는 체온도 흔들리는 몸을
바로 세워 주지 못한다
함께 가는 거다 높은 곳으로
미친 버스를 탄 길이 고공 질주했다

산에 만든 집

—산복도로 · 36

산에 들면 먼저 발꿈치가 삭아 내렸다
흙속에 몸을 묻어 발을 덥히고
이마에 싹을 틔워
지나온 길은 돌아보지 않는다
히가 없이 집을 나서지 말라
거친 숨 토해 나무를 흔들지 말고
벌레 한 마리까지 발자국을 피하라
숲에 들면 그렇게 햇살을 찾으리라
숲에 솟구치는 물을 따라
수 천 번 굴러 내려도 닿지 못하는 수평선은
바다 끝으로 산사태를 밀어내며 물러나 있다
떠나서 오지 않는 벌판을 향해
산허리에 주저앉은 노을이
수채 물감을 풀어 집을 감췄다
숲은 집이고 양식이다
노을 빛깔로 물든 집이 창을 열었다

막장

—산복도로 · 37

아랫동네로만 떠돌던 택시를
웃돈을 주고 타고 왔던 기억마저
송두리째 반납해 버리고나면
낮게 더 많은 눈부신 발바닥에
끝없이 악 쓰는 막장이 있다
발을 얹지 않아도 잘 가는 자전거가
자꾸만 뒷걸음질 치는 하늘동네에는
빗방울도 모이지 않았다

높은 데는 아픈 곳일까
눈에 들던 불빛도 가물거리고
발바닥 적시던 물도 새어 나가
은근히 낮은 곳으로 몰입해 간다

낮달
—산복도로 · 38

집 밖에 나서서 서성거리는 발걸음
하얗게 웃는 여자가 입이 크다
웃음 아래 지나온 허물을 숨기고
하루에도 몇 번씩 가는 시집
젖은 밤을 가랑이 사이로 들였다
새벽에 마시는 크고 넉넉한 빛깔
문 닫은 자궁에서
강물이 빠져 나갔다 아침에
커튼을 낮게 드리운 집이 잠에 들었다
눈 뜨자 노란 하늘이 중천에 서있고
그녀가 하얗게 웃었다 텅 빈 아랫도리
바람을 견뎌내는 실버들 가로수가
벗고 싶은 잎 모두 벗었을 때
등 굽은 낮달이 동네 밖을 나섰다

현지처

—산복도로 · 39

버스가 오고 낡은 트럭이 지나갔다
해 저문 20세기 버스 정류장에는 아직
퇴근하지 못한 이웃이 서 있다
꿋꿋한 기운으로, 눈 부릅뜬 눈썹 밑으로
열도를 향하여 눈 화장을 고친 처녀들이
늦은 오후를 침몰하러 갈 때
죽을힘을 다해 화염병을 던지는 사내들
파편은 현해탄을 건너가지 못하고
자갈마당에 떨어져 쌓였다
트럭 지난 뒤 택시가 기다리는 21세기
하늘동네 버스 정류장에는 여태
새 신랑을 기다리는 정신대 할머니가
코피 쏟던 아침을 다독거렸지만
반도에는 아직 해가 뜨지 않았다

저물녘 연탄가게

—산복도로 · 40

하늘동네에는 연탄을 때는 집이 있다
40년 넘은 연탄가게가 문을 닫지 않고
손님을 기다리고 앉았다
한쪽 다리를 저는 주인아저씨는
골목길 계단이 평생 문제였다
골목에 맞춰 좁다랗게 개조한 수레가
하늘로 오르는 계단 앞에서 절망했다
수레는 십년 전부터 세워졌다
바람 빠진 바퀴가 구르지 못했다
찾는 일이 드문 연탄가게 저물녘
배달되지 않는 연탄을 사러
어깨 기울어진 노인이 절룩거리며
풍 스쳐 간 석양을 메고 들었다
어둑어둑한 저물녘이 팔려 나갔다

황사
—산복도로 · 41

몸뚱이는 거대한 생각을 풀어
하늘에 전 생애 일기장을 펼쳤다
어둡고 칙칙했던 날들에 숨어들었던
불순한 의식의 찌꺼기가 창공에
낱낱이 솟구쳐 길을 지우고
숱한 죽은 단어들이 하늘을 가렸다
길이란 그저 지나가면 남는 것일 뿐
지상에 이르는 공간을 다 가졌으니
이웃들은 냉혹하게 외면하고 지나쳤다
호흡도 아끼면서 가는 생은
일회용 종이컵처럼 구겨서 던져졌다
눈에 들일 수 없는 가관이다
주변 풍경에 눈 빼앗겨 말 못하던 길
아픈 기억들을 하나씩 덮어간다 무채색으로
토한 찌꺼기가 세상을 덮었다
가관인 생애가 초토화 되었다

모기밥

—산복도로 · 42

휘두른 주먹을 피한 모기는 곧
휴지 박스에 몸을 얹고 다시
팬텀기 형상으로 날카롭다
그늘을 타고 오는 저공비행으로
목덜미에 빨대를 꽂고 밥을 퍼먹던
어둠의 더부살이, 지우고 싶어
신경 곤두세우고 손을 날렸다
중지마디에 간신히 걸려있는 시신에는
피가 비치질 않았다 불쌍한 것
굶주린 채로 이승을 떠나고 말았다니
예견치 못한 제 밥의 반격으로 허무하게
짧은 생이 끝났다 그러나 아직
생을 끝내지 못한 모기가 떼로
밥상을 향해 몰려 왔다 비켜 갈 수 없는
어둠에는 늘 혁명이 있다

장마

—산복도로 · 43

물냉면을 먹다 질긴 비가 생각났다
구름은 면발을 너무 많이 뽑다
고장이 났나 보다 밤이 되어도
멈추지 않는 설사
비는 강철로 만든 작살이다
튼튼한 근육으로 세상을 가두어
모든 길을 흔적도 없이 지웠다
벌판으로 떠날 수가 없다
막일 판에서 돌아오신 아버지
일감 없다는 속 쓰린 거짓말
창을 타고 내리는 눈물은
식솔들 빈손을 벗어 날 수가 없다
구름이 줄줄 쏟아내는 설사
비는 허기에도 먹을 수가 없고
눈물 마른 몸을 떠나지 못한 물비린내가
버릴 수 없는 옷이다

벚나무 가로수

—산복도로 · 44

망양로 수양버들 가로수가 뽑히고
어린 벚나무가 심겨졌을 때
박씨네가 새 며느리를 맞아 들였다
그 집 일 년도 채 안된 며느리가
젖먹이를 두고 집을 나간 일은
벚나무가 여린 꽃을 피우기 전이다
어머니는 곧 돌아오겠지 쉬쉬했지만
우는 애를 업고 길에서 밤샘을 했다
펄펄 꽃 지는 나무 아래서
결코 오지 않는 안타까운 시간들이
사월 바람에 꽃잎처럼 흩어졌다
며느리가 그새 골목을 잊었을까봐
벚나무 가지에다 기저귀를 널었다
나무에 매단 하얀 꽃잎, 꽃잎들은
아이가 유치원에 다닐 때까지
사람 찾는 전단지를 펄펄 날렸다

사람을 찾습니다
—산복도로 · 45

도와 주십시요!

이름 : 이미정　나이 : 21세　주소지 : 경남 진주시
특징 : 한쪽 눈 위에 작은 흉터와 하늘색 구두를 자주 신음

위 사람을 애타게 찾고 있는 사람이 있습니다.
그 사람은 위 사람을 찾아다니다가 그만 찾지 못해 비관 음독자살을 기도했습니다. 다행히 목숨은 건졌으나 성하지 않은 몸으로 또 정신 나간 사람처럼 찾아다니고 있습니다.
정말 또 어떻게 될지 걱정입니다.
명절도 다가오고 있습니다. 명절을 웃으며 지낼 수 있게 도와 주십시요. 본인이나 이웃에서 알고 계시는 분은 한 사람의 목숨을 살린다고 생각하시고 연락 주십시요. 도와 주십시요. 크게 후사하겠습니다. 부탁드립니다. 도와 주십시요.

「너 없이 못산다고 했건만…」

연락처:진주(0591)745-3305 호출 012-538-6515
지역번호 꼭 입력해 주십시요.

그네
—산복도로 · 46

한가위 전날 오후 늦은 시간
어린이 놀이터에서 한 사내가
늙은 어머니를 그네에 태우고 있었다
어머니는 어지러워 손사래를 쳤지만
사내는 정성껏 그네를 밀었다
어릴 적에 엄마가 밀어주던 일을 생각하며
머리가 희끗희끗하도록 밀었다
흔들리는 그네는 지난날을 까맣게 몰랐다
겪었던 평생 일을 지상에 모두 반납하고
아들 없이는 집도 찾아가지 못하는 기억력으로
그네 위에서 철없이 즐거워했다
그의 아내가 찾으러 나오지 않았다면
등 구부려 그네를 밀고 있는 사내는
저문 창밖에 가등을 켜지 않았을 거다

민들레 아내

—산복도로 · 47

귀가가 늦은 마을에 집이 높다
잇닿은 좁고 가파른 계단 옆 갈라진 틈에
간신히 목숨 부지하고 선 민들레가
조금 모자라는 녹색으로 배시시 웃었다
누가 거들떠보기나 했을까 혼자 웃게
어디 마땅한 정처를 찾지 못해
돌계단에 위태로이 서있던 민들레가
내려 서지도 올라가지도 못한 채
꽃을 막 피우려할 즈음이다

산복도로 흔들리는 길을 따라
미친 듯이 당도한 버스에서 내린 조씨가
빈속에 부어넣은 소주를 거꾸로 솟구쳐
안주로 먹은 아구찜을 걸쭉하게 토했다
한 방울의 물이 귀한 가문 날
기다리던 물 대신 오물을 뒤집어 쓴 민들레
실직의 울분으로 토한 고춧가루와
콩나물 대가리, 토막 난 깍두기가 덮쳤다
수분이 증발한 뒤에도 냄새는 남아돌고

밝은 꽃 대신 달고 있는 찌꺼기들이
비가 와서 씻길 날만 기다렸다
가파른 계단에 서서 올라가지도 못하고
내려서지도 못한 채 엉거주춤 한 숨 지을 때
예보를 자꾸만 빗나가는 일기
가뭄이 오래갈 것이라며 불안에 떨었다

기다림이 말라서 폴폴 날리는 늦은 봄
깊은 밤 예기치 않은 빗줄기가
오랜 갈증을 어루만져 주었을까
움츠린 몸을 풀고 민들레는
노란 꽃을 아침 해로 띄워 올린 뒤
오랜만에 출근하는 조씨를 방긋 방긋
잘 웃는 아내처럼 배웅해 주었다

충만한 빈집

—산복도로 · 48

가재도구를 챙겨 일가족이 떠난 뒤
함께 살던 공기도 숨 막혀 죽었다
그 집에 들어있던 이발소가
통술집으로 바뀌어 노인들만 모여 들더니
그들도 하나 둘 자리를 뜬 뒤 문을 닫았다
빨간 동그라미를 가슴에 그려 넣은 집은
낡은 가재도구의 간이역이 되었다
어둠을 틈 타 버린 가구가 하나 둘 쌓이고
다음날은 그것을 누군가가 가져갔다

뜯어가고 없는 문틀 커다란 창으로
비틀거리는 몸을 가누지 못한 책상이
알몸의 어깨를 비스듬히 내놓았다
다리 하나가 꺾어져 불구인 채
서랍도 세상을 향해 삐죽 혀를 내밀고
누가 데려가 주기를 애타게 기다렸다
성한 슬레이트를 뜯어가서 구멍 난 지붕은
고물장수가 뜯어낸 장판이 남루를 가리고
철모르는 낡은 꽃을 피워

장마철 잠간 반짝이는 햇살에
시들 줄 모르는 꽃을 말렸다

이층집 사내
—산복도로 · 49

창을 열고 내다 본 사내가
얼굴은 알 수 없이 조끼런닝이 하얗다
몇 번 두리번거리다 창을 닫고 사라진 그가
지상에 남긴 모습은
오랜만에 돌아와 잠든 먼 바다다
하선하여 지나온 동지나해를 흘끔
눈 속에 넣고 아내를 안으러 갔는지
창은 여태 닫히지 않고
그를 기다리는 밝은 어둠이 깃들어
등대 쪽으로 노을이 갔다

묵은 바닷가에는
대나무 끝에 매단 오방색 천이
바람을 탔다 물 끝에 가서
무당이 살려내고 있는 바다는
쪼끼런닝 차림으로 걸어왔다 우뚝
맨발로 해안에 서서 사내를 보았다
사내의 그림자가 소금끼에 젖었다
모래인 사내가 물인 아내에게 던져 넣는 하소연은

하얀 거품이 되어 무너졌다
아내와 바다, 화해의 끝은 없는 것일까

터진 저인망 그물코로 빠져나간 바다가
창틀에 갇혀 하늘이 되었다
티 없는 바다, 누구도 돌을 던져 넣지 않았고
늙은 바다는 물결을 풀어 사내를 숨겼다
주머니 속에서 꺼내 든 바다는
푸른 멍투성이 피부로 늘어져 축
손가락 사이로 흘러내리며 아랫도리를 적셨다
바다는 힘이 빠진 채 누웠다
사내는 바다로 돌아 갈 수 없었다

앞집 닭

—산복도로 · 50

손 전화 닭소리 알람에 앞집 닭이 깼다
울 줄 몰랐던 닭이 목이 터졌다
새벽에 맞춰 울지 못하고 수시로 목을 뽑았다
아침이나 대낮, 처음 한 두 번은 신기하다는 생각이 들었다

디지털이 되지 못한 앞집 닭을 안고 가는
새벽길은 멀기도 하다
아비 없이 자란 닭이 새벽을 알까마는
때로는 건넌 창에서 빤히 쳐다본다

때를 배우지 못한 울음이 새벽을 떠밀었다
외출했을 때 가끔 손 전화로 울음을 보내어
깨어있는 나를 다시 깨웠다
누구보다도 목마른 새벽이 있음을 알았는지

길 위에 점
—산복도로 · 51

오랜 골목이 끝난 곳에서 산길이 시작되었다
산에 들면 바다가 쉽게 열리고
숲 끝에서 바다길이 출렁거렸다
겹겹 산 너머 휑하게 다가서는 물결 그리고
섬 뒤에 섬을 향해 가고 있는 점 하나
넓은 바다 위 선명한 발자국으로
굵은 흰 선을 남기고 갔다
어디를 향해 떠는 부지런함인가
배는 몸에 비해 큰 흔적을 만들었다

힘들어 가는 산길은 늘
바닷길이 끝난 곳에서 구부러졌다
산길 끝에 점보다 더 작은 나는
무얼 남기고 왔을까 돌아보면
숲 속 바람그림자 수상하게 펄럭이고
죽은 나뭇가지 사이 하늘에 꿈길처럼
창백한 비행운이 걸렸다 이내
남김없이 흩어져 사라진다

기침소리

—산복도로 · 52

벚나무 가지에서 떨어져 나온
여리디 여린 살 하나가
오후 세시 바람에 날렸다
꽃다운 나이를 이유도 없이 버렸다
등을 보이며 언덕을 올라가는 사내가
토하는 기침, 콜록~콜록
지던 꽃잎이 하늘로 올라갔다
늙은 벚나무는 가야할 다른 길이 없다
무작정 투신하는 꽃이파리
아파트 옥상 너머 폭죽이 터졌다
멀거니 바라보는 실직자의 종이컵이
꽃잎 하나를 받아들고 집으로 갔다
하염없이 꽃잎 지는 세시는
퇴근하기에 너무 이른 아침이다

금
—산복도로 · 53

하늘을 가린 담 위에 세로로 금이 났다
어둠을 닮은 것이 담쟁이 줄긴 줄 알았더니
그게 아니고 금이다
땅에서 솟아 벽의 중간까지 올라가 있다
금은 하늘에 닿을 욕심으로 해마다 컸다
아니 날마다 크고 있다
사람들이 외출하고 있을 때도 혼자서 컸고
일터에서 돌아와 피곤한 몸을 눕히고 있을 때도
가느다란 금은 어둠을 접지 않았다
어디로 가지 않고 살쪄 붙박여 있었다
금은 어느 틈에 새끼 하나를 데리고 나와
보란 듯이 어르고 달래었다
작고 귀여웠던 새끼 금은
잘 먹여서 그런지 엄마 키를 훌쩍 넘겨
뚱뚱해진 어둠이 먼저 하늘에 가서 닿았다
천둥 치고 폭풍우 쏟아져 내리는 날
금 모자는 제 집을 무너뜨렸다 그때
푸른 하늘이 눈에 들었을까 하는 잠간사이
새 담이 하늘을 가리고 섰다

비 내리는 날
—산복도로 · 54

비가 내리는 날은 하늘이 그립다
와서 개밥을 나눠 먹던 참새도
재잘대며 나와 노는 아이들도 없다
비 맞고 놀던 어린 시절은 갔다
빗물도 낮은 곳으로 가고 싶어
험한 축대를 벗어나 계단을 내려섰다
쉽게 하수구에 들 수 없는 몸이
좁은 골목을 따라 발을 적셨다

낮은 곳으로 내려서는 빗물에
이웃은 습관으로 변소를 펐다
실개천 불어난 물에
독한 향기를 품고 내려갔지만
누구도 창피하지 않는 동네에서
몰래 키가 큰 벚나무가 여전히 즐겁고
물 튕기고 가는 트럭이 신이 났다
그리운 하늘에서 자주 비가 내렸다

팡세
—산복도로 · 55

속셈학원에서 쏟아진 아이들이
잠에 빠진 팡세를 건드렸다
팡세는 만만한 조무래기들을 향해
이빨 드러내며 앙칼지다 목이 쉬었다
개짓는 소리가 성가신 통장 할머니가 뛰어나와
빗자루로 아이들을 쫓아버린 뒤
골목을 쓸고 물을 뿌려 적막을 둘러 놓았다
꿈도 없이 옅은 잠에 들어
제 시간을 죽일 줄 아는 팡세는
발자국 소리에도 귀를 세우지 않았다
지나가는 참새 한 마리도 없이
한 치 빈 터가 넓어져 심심해진 팡세는
무거운 턱을 땅에 붙이고
눈꺼풀만 들었다 놓았다
돌아오지 않는 아이들을 기다렸다

*「팡세」는 개 이름

생선가시

—산복도로 · 56

두 여인을 거느린 한 남자가
색 짙은 입술로
살만 발라 먹고 남긴 생선은
날카로운 가시만 시퍼렇게 남아
어윤한 제 눈을 찔렀다 그렇게
생선은 도마 위에 갇히고
외지 여인이 칼을 품고 와
동네에 서슬이 퍼랬다

가시 돋힌 두 여인은
허리굽은 혀에다 날을 세워
가시를 툭툭 내뱉었다
턱에까지 숨 차 오른 가시가
제풀에는 꺾이지 않았다 골목에는
TV도 뛰어들고 무선 전화기도 날았다
이웃을 등에 업은 여인은 버텨 서서
살림살이를 부수는 남자를 향해
가시를 끌어다 퍼부었다

잘 한다 잘 한다며
어느 편도 들지 않는 이웃은
'애들 교육에 지장이 있으니 쫓아내야 돼'
'저것들 동네 창피해서 우째 사노?'
팔짱 끼고 냅다 가시만 씹었다

언덕을 넘지 못한 가시가
생사 밖으로 떨어져 나갔다
누구도 끼어들지 못하는 사이
동네 밖을 나서지 못했다
그런 며칠 뒤 꼬리도 없는 생선이
빨래를 걷으러 오른 옥상에서 부르는
노을이 밴 노래를
새삼스럽게 듣는 이웃은 없었다

종이비행기

—산복도로 · 57

골목 작은 하늘에 꽃잎이 날았다
충돌 사고 없는 웃음을 타고
해맑은 소란으로 새가 날았다
아이들은 어디에서 비행기를 띄울까
놀기 좋아하는 햇빛이 구름을 열고
비 그친 다음 날을 눈부시게 했다

어른들은 종이를 접는 대신
어디 정글, 어느 사막에 가서
피투성이 철모를 눌러 쓰고
전쟁놀이에 빠져 있을까

품을 넓힌 골목이
비 그친 다음 날을 기다렸다
소리 죽은 숨바꼭질로 기다려도
아이들이 가고 없는 골목에서
색색의 종이비행기 대신
몸 무거운 전투기가 날았다

그리운 노래
—산복도로 · 58

때로 노래는 빛이 되었다
통금 넘어 사랑을 나누는 때가되면 꼭
목 쉰 '타향살이' 가 비탈을 올랐다
비틀거리는 노래는 숨도 차지 않는지
발뒤축으로 맞추는 장단에 골목길 옆
이 집 저 집 붉은 등을 켰다

불빛은 노래가 멀어지기를 기다렸지만
기다린 한참 후에까지 숨을 죽였지만
야경꾼 호루라기가 가까이 올 때까지
같은 노래는 한 번 더 가늘어져 가고
노래 그친 뒤에도 작은 창에 불빛이 남았다

오르막 길 불빛 속으로
타향살이에 이골이 난 아버지
어릴 적 그 모습으로 늙어버린 내가
노래도없이 숨죽인 채
좁은 길 긴 불빛을 헤엄쳐 갔다

뜨거운 소문
—산복도로 · 59

새달 초하루가 되자 골목이 시끄러워졌다
쓰레기 수거를 알리는 맑은 종소리가
낮잠에 든 수다를 깨웠기 때문이다
지난달 말일은 짜증나는 더위 속에서
쓰레기통을 듣고 모이는 아낙네 드러난 허리가
여름을 싱싱하게 만들었다 오후 느지막한 시간
뒤안에서 물 끼얹는 소리가 골목까지 흘러 나와
마당 가운데 우뚝 선 여름은 발가벗고
치마 들추는 파렴치한보다 더한 불륜을 저질렀다
그늘 깊은 샛길에서 뺨 맞아 볼 부푼 바람이
호기심 많은 골목에 쏟아져 들었다
누구네 집 여편네가 바람나 도주했다는
뜨거운 소문에도 부끄러워하지 않는 골목은
늙은 통장 집 앞에서 합쳐졌다가
일없는 아이들 숨바꼭질로 갈라져 숨었다

개오지

—산복도로 · 60

엄마가 아이 손을 잡고 골목을 올라갔다
아이는 엄마 걸음을 따를 수가 없었다
아이 손을 잡은 엄마는 허리가 아프고
엄마 손을 잡은 아이는 팔이 아팠다
그래도 둘은 손을 놓지 않고 붙들고 갔다
언제까지라도 그럴 것처럼 꼭

"애, 빨리 걸어 한 눈 팔지 말고"

아이가 천천히 걸었으므로 엄마는 마음이 급했다
바쁠 것 없는 아이는 신경도 안 쓰고
사방을 둘러보며 웃는 일이 자기 일인 양
털 빠진 개 한 마리가 지나가자
앞니 빠진 잇몸을 내어 생긋 웃었다
늙은 골목이 바다같이 환해졌다

늙은 의자
—산복도로 · 61

퇴출된 의자가 골목에 나 앉았다
지치고 병들어 한쪽 다리가 불구인 채
누가 앉아 주지 않아 시무룩한 모습으로
버려질 때 그대로 굳어져 갔다
다음날은 건너편 담 밑으로 옮겨져
피곤한 누군가에게 의자가 되었을까
등받이에 생기가 돌고 의자는
누가 와서 앉아 주기를 기다렸다
오래 참았던 안부를 묻고 싶었지만 의자는
배에 그어진 칼자국 틈으로
속에 말을 꾸역꾸역 토했다
다시 심심해서 더 늙어버린 의자는
골목을 내려간 전봇대 아래 누워 있었다
지친 하늘이 누웠다 간 모양이다

뱀 집

—산복도로 · 62

숲에 가는 길은 여러 갈래로 흩어지고
갈라진 길 끝에 뱀이 살았다
뱀을 먹는 남자들이 수시로 찾아가는
판자를 덧댄 집 밖에
마대를 덮은 나무상자가 있었다
틈 사이로 뚫려 있는 구멍 속으로
손을 넣으면 뱀, 이빨자국 그리고 피
공포, 비명, 죽음 같은 낱말이 스쳐 갔다
우굴거리는 그들 속으로 누가 손을 넣을 것인가
뱀 집 가까이 여자들은 발을 가져가지 않았다
호기심도 없고 용감하지도 않는 아이들 덕에
숲을 차지한 뱀이 안심하고 새끼를 낳았다
뱀은 피임하지 않았다
사람들이 뱀을 먹지 않게 되었을 때도
갈라져 흩어지는 길 끝에 오래오래 살았다

버려지는 것들

—산복도로 · 63

샛길에 살림살이가 나앉아 비닐에 덮여있다
누가 집을 새로 짓나 보다
가구 등속이 비쳐 보이는 짐꾸러미는
새 집으로 들어갈 부푼 기대가 있어
따가운 햇살도 반가운 후원자디
덮어놓은 비닐을 두들기는 비가 며칠씩
짧은 장롱 다릿발을 적시고 갔다
구겨진 포장 사이로 흘러 든 물에
문짝에는 눈물자국이 새겨지고
비틀어진 시간이 틈을 열었다
오래도록 손때 묻어 정 들었지만
골목에 버려진 늙은 개처럼
털 빠진 얼룩을 드러낸 몸은
새 집이 들어서도 떠나질 못했다

꽃향 속으로
—산복도로 · 64

계단이 시작되는 곳에서 언제부터
냄새를 피우고 있었는지 모를 개똥 무더기
빛과 바람도 그냥 스쳐가지 않았다
주인이 치우기 전에는 그 자리에 있을 개똥 옆을
개들도 눈살 찌푸리며 지나갔다
개똥이 가고 나면 밤새 다리 들고 남긴 흔적이
지린내를 남기며 꼬리에 꼬리를 물고
골목을 타고 길게 흘러갔다 그 촉촉한 길 옆
전봇대 아래에는 토한 오물이 숨어
골목바람도 독한 냄새를 안고 다녔지만
개똥 자리에 핀 민들레가 진득하게
샛노란 봄을 뿌리며 들어앉아
동네 향을 바꾸고 있었다
다가 올 누군가를 기다리고 서서

혼자 노는 바람

—산복도로 · 65

청소부가 쓸다간 골목 구석에서
혼자 노는 바람이 심심해서 미쳤다
쓸던 흔적을 지워놓고 과자 봉지와
야쿠르트 폐병을 흩어놓기 일쑤다
담배꽁초와 살인사건을 담은 신문 조각을
덤으로 갖다 두고 갔다
수거되지 못한 그것들은 그대로
아침까지 기다려도 헛일일 테지만
바람은 온갖 잡것을 불러 모았다
복덕방에 모이는 그늘도 저물녘 한 때
풀어진 휴지처럼 모여 사는 사람들도
바람이 데려다 놓은 저녁노을일까
길을 쓸다만 사람은 다시 오지 않았고
변한 것 없는 골목에 땅거미가 졌다

뒷모습

—산복도로 · 66

주유소를 경영하는 형을 만났다
여상에서 교편 잡는다고 경리를 소개해달란다
기름보다 연탄이 더 잘나가는 하늘동네에서
조그맣게 주유소를 시작하여 열심이더니 이젠
어엿한 사업체로 자리 잡았나보다 여직원을 두게
시간과 보수, 휴무일이 어떻게 되느냐고 물었더니
그런 거 꼭 말해야 되느냐고 되물었다 형은
요즘 애들이 얼마나 영악한지 모르는 모양이다
시간 안 좋고 휴일 없는 곳에는 가지 않는다 했더니
더 이상 말을 내지 않고 골목 밖으로 총총
가는 뒷모습이 어둠을 더 깊게 만들었다

초하룻날
—산복도로 · 67

골목도 깨지 않은 이른 아침
소금장수가 대문을 흔들었다
초하룻날만 되면 유난히 목소리가 높았다
잡귀 잡신을 물리치는 소금이라고
말하지 않더라도 재수있고
집에 오복을 불러들인다며 어머니는
그 장수 소금만 고집했다

아직 잠에서 깨지 않은 그저
복 받기도 귀찮은 새 며느리는
“소금 있어요” 잡아뗐지만
“다음엔 꼭 사세요”
골목을 밝게 하는 높은 소리가
어머니를 생각나게 하는 한 줌
정든 과거 색을 남기고 갔다

산에 간 비둘기
—산복도로 · 68

동네 게으른 비둘기가 산으로 갔다
집 지을 빈터도 없이 쫓겨 나와
살던 곳으로 돌아가려하지 않았다
곡식 낱알이나 밥찌꺼기를 얻어먹던
길들여진 입술을 포기하고
나뭇잎에 숨어 있는 벌레나
벌판에 떨어진 씨알을 찾아 간혹
당당한 날개를 접기도 했지만
집짓기를 포기하였을 때 비둘기는
처음으로 하늘 깊은 줄 알았다
깃털 속에 숨어 그리던 숲을
쉽게 만나 빠져 들었을 것도 같은
울울한 대숲 옆 죽은 아카시아나무 위에서
멧비둘기와 함께 긴 밤을 새우다
노래도 슬픈 이웃을 닮아 갔다

아침 햇살

—산복도로 · 69

출렁거리는 빛이 잠을 깨운다
침상에서 마시는 재첩국에 귀를 열고
이른 오르막이 숨 가빠하는 발자국 소리를 들었다
섬진강이 은빛으로 출렁거렸다
잠이 덜 깬 하늘동네에 강물을 부렸다
오래 산 가물치나 맹물 꿈장어도
고만 고만한 목청으로 골목을 누비던 때
가파른 길이 먼저 출렁거렸다
간밤에 내린 별로 어수선한 길을 따라
칠순이 넘은 할머니가 엉덩이 흔들며
머리에 인 양동이를 잡고 오르막을 갈 때
아침 햇살이 함께 눈부신 양동이에
하늘 끝이 더 출렁거렸다

벽에 집들

—산복도로 · 70

다릿발을 떼어가 주기를 바라는 오징어가
아웅다웅 세 들어 사는 벽에는
간밤에 내린 비로 반쯤 떨어진 집도
거꾸로 붙여진 집도
동트기 전에 붙여 놓은 집도
철자법이 틀린 집도 심지어
뒤에다 욕지거리를 간직한 집도
아우성으로 펄럭거렸다
집이 잘 나가도록 그런다지만
앞서 붙여진 위에 덮쳐 살아남기 위해
나간 집 옆에 나가지 않은 집이 피투성이다
어지러운 살림살이를 들어내지 못한 채
한 동네가 들어앉아 있는 벽이
바쁜 아침을 한 번 더 환하게 맞았다

*오징어는 전화번호를 떼어가기 쉽게 여러가닥으로 찢어 나풀거리는 다릿발로 만들어 붙여 놓은 전셋방 광고지

눈물한방울꽃
—산복도로 · 71

산길 며느리밥풀꽃 옆 그늘 아래
눈물 한 방울

간암에 걸린 남편을 치료하기 위해
새로 나온 녹즙기를 사두고 들로 산으로
민들레, 엉겅퀴, 씀바퀴, 질경이를 캐러 다니다가
독 오른 뱀에 물려서 그만
남편보다 먼저 떠난 아낙네
그 눈물 한 방울

하늘 동네 아침 산길
민들레 홀씨처럼 숲속에서 숲 속으로
발자국도 없이 떠돌고…떠돌다
누군가 이름 붙여주길 기다리는
키 작은 꽃
눈물 한 방울 피었다

숟가락

—산복도로 · 72

학교를 질러가는 골목 이른 아침에
쏟아진 오징어무침 옆에 놓인 숟가락은
누가 두고 갔는지
퇴근길에도 그대로 벌거숭이다
자습시간에 쫓겨 달려가다
반찬 없어진 것은 두더라도
숟가락 잃어버린 일로 야단이나 맞지 않았는지
뒤늦게 찾아 나섰다가
어둠에 묻혀 돌아갔을지도 모른다 어쩌면
숟가락은 중요 물건이 아니어서
없었던 일로 지나가고 말았는지
어둠이 오고 간 다음날 아침까지도
배 고픈 숟가락이 허리 굽어 울었고
저물녘에도 이명처럼
골목을 뛰어 내려가는 발소리 들렸다

산수도 오아시스

—산복도로 · 73

수정산 골짜기에서 물을 끌어와
오아시스를 세웠다
달디 단 물의 기둥
아침, 저녁 햇살이 쏟아졌다
은빛 찬란한 양동이 속으로
목마른 낙타를 기다렸다
터벅 터벅 부뚜막을 지나
날지 못하는 새여
추락은 언제나 언덕 위였다

가문 한 때
며칠을 지나야 맛 보는 물 한 동이
초저녁부터 줄을 서야하는
피곤한 타조의 행렬은 밤새도록
찬이슬, 서리를 받아야 했다
이웃끼리 몸 부딪히며 소리 내다
몸 쭈그러질 때도 있지만 그래도
기다림은 언제나
콸콸 쏟아지는 물소리

낙타는 가고 빈 통에
별과 함께 쏟아지던 은총
그림 속 물은 지워졌다
낙동강 페놀에도 끄떡없는
상처 투성이 양동이가 그립고
날아가지 못하는 오아시스는
모래 언덕 밖에 서있다
눈이 슬픈 타조여 추락은
더 이상 언덕 위에 있지 않다

갇혀있는 눈물
—산복도로 · 74

하늘동네 인심은
길에 내놓은 변소에도 자물통을 채웠다
작은 문에는 누가 봐도 알 수 있게
이름도 빨갛게 크게 써붙여 놓고
고리가 자주 부서지는 문은 인제나
용변을 볼 때도 용을 써서 잡아야 했다
문은 아직도 골목을 향해 잠겨있다
지키고 싶은 것은 무엇일까
따뜻한 오월 그때 열린 문으로
네살박이 아이가 뒤뚱뒤뚱 걸어 가
다시는 나오지 못한 시간을
꼭꼭 닫아 두고 싶었을까
발자국 소리에도 무너지는 자물통을 걸어 두었지만
귀중품이라고는 하나 없는 동네
비끌어 맬 수 없는 눈물만 솔솔 새나갔다

근심

—산복도로 · 75

술에 취한 그를 차에 태워 보내며
〈해남운수 7587〉을 큰소리로 외쳤다
기사가 들으라는 듯
그를 싣고 택시는 어둠속으로 떠나고
취한 뇌 속에 담아두기 위해 거듭 외우다
그에게서 받은 시집 봉투에다 적었다
술에 취한 귀가길 뒤늦은 택시잡기에서
봉변당한 소설가 후배가 왜 생각났을까
아침 식탁에 던져진 시집에서
구부러진 숫자들이 낯선 것은
그가 너무 먼 탓일까
집에 돌아온 기억이 나질 않는데
하얀 봉투에 칼금처럼 남은 흔적에도
여태 전화 한 통 없다

구부러진 골목

—산복도로 · 76

눈 선한 사람이 구름처럼 모여 살았다
바다도 더 많이 찾아와 주고
진하게 놀다가는 별이 있는 하늘동네
갈라섰다 다시 만나는 사람 일처럼
만났다 갈라지는 것이 골목이 할 일이다
오르막은 하늘로 가는 길을 내어 놓고
곧장 가서 짠한 바닷길을 숨겨놓아
가끔은 외로워 보일 때도 있다

고깃배 타는 신랑을 물 끝으로 보낸 뒤
식당일로 밤늦게 귀가하는 기장댁
길 끝에서 기다리는 사람은 없고
아랫동네에서 사업하다 부도 만난 박씨가
막다른 골목 셋방에 몸 부지해 살았다
윈 길에는 항운노조 간부를 들먹이다 힘에 겨워
스스로 생을 포기한 이씨가 남긴
어린 두 아이가 아버지도 없이 떠돌았다

사람 하나 겨우 빠져 나가는 샛골목은

어찌 보면 질러가는 길 같으면서도
몇 번을 아프게 굽이쳐 돌고 난 뒤에야
처음 길과 만났다 늙은 골목은
갈라졌다 다시 만나는 일로 환해지지만
담벽에 해를 그린 아이들이 떠난 뒤
구부정해지는 줄도 모르고 허허대며
숨어 간 뒤에는 걸핏하면 나오지 않았다

편지

—산복도로 · 77

신경질적으로 맑은 종소리가 지나가자
낡은 청소차가 왔다
붉은 플라스틱 통을 들고 집집에서 나온
아낙네들이 줄을 섰다
젊고 얼굴 반반한 새댁들이 통을 먼저 비우고
키 작은 할머니들은 뒷전으로 밀렸다
늘, 그런 낯익은 풍경 대신
쓰레기를 수거해 가는 사람이 생기면서
청소차는 심야에 쓸쓸히 돌아갔다

"파란색 통은 버리는 것이 아니니
 제발 제자리에 갖다 두세요"

언제부턴지 노트를 찢어
담벼락에 써 붙인 편지 한 통
떨어지지 못하는 뭉크의 절규

침수피해
—산복도로 · 78

골목으로 솟구친 하수구 빗물이
며칠간 집안을 덮친 뒤에야
술추렴에 코끝이 빨간 사내들은
마지못해 맨홀을 들추었다
그동안 솔솔 빠져나간 머리카락이 뭉쳐
물길을 막고 몰래 불러 모은
무청 시래기 소용없는 잡것들
나뭇가지 장판쪼가리들 함께 스크럼을 짜고
날 잡아 잡수하며 퍼질고 앉아 술추렴이다
속 시원하게 터지지 않는 살림처럼
뭉쳐진 근육을 풀지 못해 생긴 탈이다
침수 당할 일 없는 산동네에서
별일 다 보겠다며 울상 짓던 아내가
젖은 연탄을 꺼내 널었지만
함께 끌려나온 독한 냄새가 천천히
하수구에 쓸어 넣은 사내들

환한 창

—산복도로 · 79

골목 안에 세탁공장이 새로 생겼다
동네와는 어울리지 않게 집 밖으로
병원복과 침대 시트, 호텔 세탁물들이 삐져나왔다
공장이랄 것도 없는 콧구멍만한 방 두개를 터
자동 세탁기를 들여놓은 곳이어서
골목까지 세탁물이 쌓이기 일쑤였다
물에 젖지 않아도 축 늘어진 옷이
가끔은 발목을 붙들어 지나가기 불편했지만
창을 열고 내다보지 않아도 다 안다
가난한 공장에서 돈 좀 벌어 보겠다는 데야
누가 뭐라 하겠는가 이웃들은
하루 빨리 낮은 곳으로 옮겨가기만 기다릴 뿐
흰 빨래가 사는 골목은 절로 환했다

흔들리는 무허가

—산복도로 · 80

거미는 심심해서 집을 짓지 않았다
골목을 차지한 거미가
하늘 뜻에 이바지하기 위해 하룻밤 새
흔들리는 무허가라도 세워야 했다
전봇대와 이층 베란다 사이
허공을 질러 놓은 저인망, 크고 튼튼한
짐승을 잡기 위해 쳐놓은 덫이다
늑대나 살쾡이, 쥐새끼 같은
어떤 흉악한 놈이 걸려들지 궁금하지만 주인은
맛없는 곤충 나부랭이를 잡아 엮는 것보다
지천에 널린 사람을 포획하는 일이 더
쉽다는 것을 알고 있는 놈 같다
버둥거리는 먹이를 기다리는 눈
목이 걸려 흘러가고 밥이 되어 떠나고
누군가가 손쉽게 엮여갈지 모를 일이지만
아직은 없다 집 부서진 흔적도
거미가 굶어 죽었다는 소문도

쓸쓸한 풍경

—산복도로 · 81

죽은 시계가 재깍거렸다 골목에는
누가 내다 놓았는지 근사한 마호가니
옷을 입은 흑백텔레비전이
전원 끊어진 노숙자처럼 상한 다리를 벌리고
깊은 얼굴에 흠집투성이 풍경을 담았다
'웃으면 복이 와요' 가 그늘 아래 숨어
송곳니 들키지 않게 혼자 웃었다
연속극 '여로' 도 인기몰이였지만
이노끼를 제압하는 김일 박치기가 더 시원했다
계엄령이 발포되어 살벌했던 밤 아홉시
검열 마친 뉴스가 방영되고
독재를 일삼던 대통령이 총을 맞고 쓰러졌다
그때 사람들이 이 작은 틀 속에 몰래
꿍쳐 넣었던 눈과 귀와 입이 빠져나간 뒤
텅 비워진 그것은 무너졌다
못 다한 말을 간직한 채 시계는 멈춰 섰다

게임 오버
—산복도로 · 82

잠 든 아이를 부르는 수퍼마리오
아이는 마리오에게 가기 위해 펑펑 울었다
간질을 일으킬지도 모르는 마리오에게
아들을 보낼 수 없어 엄마는
떼쓰는 아이 엉덩이를 두들겨 팼다
더 큰 울음으로 마리오를 부르는 아이
불 폭탄이 머리 위로 쏟아지고
발밑으로 고슴도치가 다가왔다
아이는 재빠른 뜀박질로 피해갔다
지상으로, 지하로, 허공으로, 물밑으로
몸을 마구 던져 황금알을 먹고 법칙대로
더 가벼워진 마리오가 되었다
대마왕이 된 엄마가 길을 막아섰지만
울음 그친 아이는 죽었다 살아나곤 했다
해가 져도 끝나지 않는 게임에
바닥없는 수렁으로 떨어지는 아이를
마리오가 데려갔다 돌아오지 않는
아이를 위해 엄마가 펑펑 울고 있을 때
수퍼 마리오가 혼자 놀았다

들리지 않는 노래
—산복도로 · 83

앞서가는 그녀를 스쳐지났을 때
두 발자국도 가기 전에 노래가 들렸다
노래는 왜 불렀을까 혼자서
어둠에 젖은 길이 내뱉는 신음이었을까
스쳐 지나간 긴 시간이 남긴 꼬리였을까
돌아보았을 때 노래가 그쳤다
더 들리기를 기대하고 귀를 모았지만
그녀는 캄캄하게 멀어졌다 그랬다
지나온 골목 으슥한 샛길에서
그녀를 기다리고 있다 얼굴 돌리는 어둠
사내 둘이서 담벼락에 기대서 있었던 것을
나는 몰랐다 그녀가 부르던 노래
빠른 걸음으로 따라 오고
오해받기 싫은 나는 더 빨리 걸었다
왜 그랬을까 그때
왠지 모를 어둠에 떨었던 것은
더 이상 들리지 않는 노래 탓이었을까
내 발자국 소리가 너무 컸던 탓일까

어느 별에서 누가

—산복도로 · 84

스물세 시 삼십오분 골목이 닫혔다
차가운 철 대문 자물쇠를 열고 들어 간 뒤
쾅하고 별빛이 끝났다 아득히
발끝에서부터 몸 저리는 것을 막을 수가 없었다
두 번 듣기 싫은 소리에 혀끝이 말리고
따스했던 골목도 차가워져
가물거리는 별을 아프게 했다 스스로
감금당하는 하늘, 굳은 빗장을 지르지만
심장에 와 부딪히는 그 벼랑 끝은
견고했던 어둠으로 되살아나
가슴에 박힌 말목을 흔들었다
소리쳐 말려도 어느 별에서 누군가가
다시 철문을 닫아걸었다

아무도 들어오지 말라
누구도 탈옥하지 말라

신문사절

—산복도로 · 85

'아줌마, 오늘부터 요구르트 넣지 마세요'

대문에 붙여진 쪽지를 본 아줌마는
서글퍼지는 마음을 어쩌지 못했다
문간에 오래 전에 자신이 써 붙여놓은
'조○일보 절대 사절' 보다 더 날카롭게
진한 칼금을 가슴에 그었다
요구르트를 먹지 않고 모아 두었다가
신문처럼 갖다 바치는 사람도 있더라만
요구르트를 더 넣지 못하는 아줌마는
누가 볼세라 밤늦은 귀가 뒤
붙여놓은 쪽지를 떼 내고 말았다

주일 새벽
—산복도로 · 86

사내가 골목에서 장롱을 부셨다
야근에 지친 이웃들 선잠을 깨우며
더위는 새벽부터 짜증을 냈다
질기게 저항할수록 험한 매를 맞았다
참다못한 이웃이 소리를 내질렀지만
사내도 대놓고 욕지거리다
망치질소리와 고함이 한데 어우러져
낯선 새벽은 하늘이 붉고
깨어지는 일이 분노를 부른다
신경질이 난 사내가 내려친 해머에
장롱 한 짝이 와르르 무너진 뒤
세상이 쥐 죽은 듯했다 그때
개척교회 새벽 찬송이 터져 나왔다
그 뒤에 숨어서
짝 잃은 남은 짝이 와르르 떨었다

메기의 추억

—산복도로 · 87

세라복을 입은 소녀를 따라 추억처럼
까까머리 두 소년이 골목에 들었다
멀찌감치 뒤따르면서 마음을 표시할 길 몰라 머쓱했다
필시 한 소년은 용기를 북돋아 주기 위해 따라왔을 테지만
집이 가까워져도 뾰족한 수는 터지지 않고
소녀는 발걸음을 멈칫거리다 초인종을 눌렀다 오래
얼마나 긴 순간이었든가 소년의 가슴에 구멍이 나고
안에서 밝은 목소리가 문을 열었다
소녀가 들어가고 난 뒤 문 닫히는 소리는 왜 그리 컸는지
두 가슴이 한 길이나 철렁 내려앉았다

쇠로 만든 대문은 차갑고 결코 열려지지 않을 것처럼
두 소년 앞을 무겁게 가로막았다 처음 만난 벼랑처럼
바람이 몇 바퀴 째 돌다 공중으로 솟구치는 막다른 골목

외등 하나가 밝은 불빛으로 수줍음을 들추어냈다
밝은 대낮부터 떠날 줄 몰랐던 그림자가
전봇대 뒤에서 이층 창에 켜진 불빛을 바라보았다
어둠에 용기를 얻은 소년이 휘파람을 불었다
노래도 했다 메기의 추억이든가 허밍을 했다
창은 열리지 않고 그림자가 자주 어른거렸다
불 꺼진 한참 뒤에도 소년들은 떠날 줄 몰랐다

가슴에 길을 내고

—산복도로 · 88

새 길이 지나갈 집 벽에 넘치는 숫자는
눈이 가닿은 순간 붉은 길이 되었다 외면해도
갈겨 쓴 획이 눈을 찌르고
떠난 사람이 남긴 발자국에 눈물이 뱄다
집이 아픈가보다 아무래도 골병이 들어
앓아 누웠나보다 문을 모두 떼어 놓았는데도
그 집에는 비바람조차 드나들지 않았다
돌아갈 날을 기다리는 집에는
누가 갖다 버렸는지 언제부터
늙은 장롱 한 쌍이 들어앉아 비스듬히
어깨 기대 누워 있다 노부부처럼
시간이 멈춰 서서 졸고 있는 그 집은
가슴에다 길을 내고 이웃보다 먼저
돌아오지 못할 붉은 길 끝에 가 있었다

막다른 골목

—산복도로 · 89

새파란 것들이 모여 담배연기를 뿜어대는
막다른 골목에는
잡풀이 무성하게 자랐다
가출한 아이들이 모여 부탄가스를 피우고
말초신경에 모여 든 본드는 길이 막혀
밖으로 나갈 힘이 없어 주저앉고 말았다
외면당해 들어 간 발자국은 찍혀져 있지 않고
돌아 나오는 바람도 얻어맞아 멍이 들었다
피안에 가기 위해 길을 내었지만
아이들은 막다른 골목 앞에서 절망했다
일으켜 세워 줄 햇살도 들지 않는 골목은
너무 깊어서 저쪽 큰길로 건너가지 못하고
어린 풀들만 고개 꺾고 말라 죽었다
다시는 꿈을 꾸지 않는 아이들과
가슴 시린 석류가 담 밖으로 고개 떨굴 뿐

가출

—산복도로 · 90

샛바람이 쌓이는 집 뒤안 골목에서
여자가 서서 오줌을 누었다
고개 숙인 외등이 물끄러미 내려다본다
눈이 하나 뿐인 것이 다행일까
여자가 버린 흔적은 밝음 바깥쪽으로 흘러가고
큰 길은 여태 잠들지 못하고 들 떠 있다
오래 전에 차들이 끊어진 길 위에서
살찐 고양이들이 쓰레기통을 뒤졌다
아무도 돌아오지 않는 대문 앞에서
민들레가 잠이 깨었다 고개를 꺾는다
꽃 색이 바래지는 저물녘은
여자가 집을 버리는 시간이다

봄날은 오는데

—산복도로 · 91

겨울 구봉산 산사 법당
유리문 달린 벽장 속에 지장보살이 앉아있고
그 앞에 놓인 찍찍이 덫에
쥐 한 마리가 걸려 몸부림쳤다
향불 지피러 다가서는 나를 눈치 챈 쥐가
더 큰 비명 속으로 꿈틀거렸다
움직일수록 덫은 껍질을 굳게 붙들어 매고
내 몸을 꼼짝 못하게 했다

생명 있는 것들이여
쥐덫을 놓은 손이여

눈 뜬 지장보살은 쥐를 구하지 못했다
향을 피우고 두 손 모으는 나는
어느 지옥 불을 견뎌낸 누구의 껍질인가
윤회의 몇 계단 위에서 몸을 굴리는 중인 그대는
쥐의 몸을 쓴 누구의 속알인가
겨울이 다 가고 봄날은 오는데
한기 배어드는 무한 창공을 날아서

내 곁에 떨어지는 꽃잎 같은 시간이여
낡은 생명의 어머니여

민달팽이

—산복도로 · 92

집이 없어도 그분은
높은 그늘 속에서
쉬어 가지 않았다

이른 새벽부터 밤늦도록
가파른 언덕을 올랐다
쪽방 셋방살이 그늘이 깊어져도
어차피 버려야 할 집을 짓지 않았다

길이 없어도 그분은
눈과 비와 바람 속에서
스스로 길이 되었다

방법

—산복도로 · 93

속눈썹 한 낱을 뽑아 박힌 돌 위에 얹어놓고
그 위에 돌을 얹었다 고인돌이다
골목길 지나던 사람이 그 돌을 차서 병이 옮아가면
눈병이 낫는다고 했다 그랬다
며칠간 사람들이 많이 지나갔지만 돌은 그대로여서
다들 방법을 알고 피해 갔는지 모른다
그 다음 날 아침, 걱정을 무너뜨리고 돌이 사라졌다
속눈썹 흔적도 함께 가져갔다 그런데도
충혈이 심한 눈은 뜨고 다니기가 힘들었다
시간이 지나 돌을 찬 이의 눈이 부어올랐을 때쯤
이라 생각 들 때 물에 씻은 듯이 눈이 나았다
누군가가 돌을 차서 병이 나았다고 믿는 할머니는
신신으로 당부하셨다

"애야, 돌멩이 같은 거 함부로 차지 마라"

그이는 또 어디에다 낯익은 고인돌을 세워놓을까

몽상의 숲

—산복도로 · 94

누가 집을 수리하는지
숲 가까이서 전기톱 소리가 났다
벚나무에 든 참매미 우는 소리가
숲에 빠진 잠을 깨웠다

매미는 바람이다
누가 키워 주지 않아 스스로 몸을 키운 바람이다
하늘동네에서 더위를 먹고 크고
가두는 담이 없어 크고
가진 것 없는 사람 앞에서 더 거만해지는
그래서 신이 난 바람이다
바람이 부서진 피눈물이다

아무도 관심 가져 주지 않아 속상한 바람은
산에 들어 소나무, 참나무 가리지 않고 뽑아보고
감만 부두 거대한 크레인도 넘어뜨린 뒤
합포만 해일을 타고 가서 지하실 사람을 먹었다
그래도 심심해서 바람은
고속도로 달리는 차를 뒤집어 보기도하고

단칸집에 산사태를 불러 혼자 사는 노인을 감췄다
무너진 둑 사이로 넘치는 물소리가
잠 든 가슴을 때리는 참매미 울음 같아서
전기톱소리에 쓰러진 나무
숲 속 몽상에서
핏발 선 눈으로 나를 깨웠다

삼월에 내리는 눈
—산복도로 · 95

망양로에 눈은 오는데
버스가 오지 않았다

삼월에 내리는 눈은 눈 속에서 어지럽고
날카롭다 그러다 부드럽게
언덕을 애무하는 소리
잔칫집 초저녁에 찾아 온 눈은
집 밖에 끌어낸 아이들로 시끄럽다

신혼의 단꿈에 몰래 젖어
절로 몸이 녹는 것도 모르고
기다렸다는 듯 온몸으로 받아 단박에
품어 녹여버리는 첫날 밤 신부
하늘이 함께 내려서기를 바랐다

눈 그친 뒤 버스는 오는데
망양로에 하늘이 오지 않았다

언덕에 선 집

—산복도로 · 96

터가 모자라 바람 속에 세운 집이다
걷지 못하고 쪼그리고 앉은 관절염으로
납작하게 엎드린 지붕은 홀로
침 대신 녹슨 못을 등에 잔뜩 꼽고
거센 바람을 견디어냈다
다그칠수록 두텁게 누더기를 껴입고
집은 위험하다 바람 앞에 세운 집이
쉴 새 없이 조금씩 낡아져
주인 버릴 이유를 찾는동안
덧 바른 시멘트가 떨어져 나간 벽이
낯선 쥐를 불러들이고 고양이는
집에다 딴 살림을 차렸다
철없는 새끼를 낳아기르며
이집 저집 앞집 뒷집 모두를 꿰차고
갈 곳 잃은 쥐가 낭패한 눈을 뜰 때
죽었던 바람이 살아났다

노란 양푼

—산복도로 · 97

아래층에서 고구마를 삶았다고
노란 양푼에 그득 담아 왔다
김이 모락모락 나는 고구마는
둘째 아들이 일하는 농장에서 온 거란다
색 바래 쭈그러진 양푼에는 간혹
시골에서 잡아 온 미꾸라지로 끓였다며
넘치도록 추어탕도 담겨 왔고 때로는
단감이나 풋고추, 호박, 옥수수, 치커리
푸새 것들로 출렁거렸다

1층에는 손녀, 손자를 홀로 키우는 할머니가 살았다
생활에 쪼들린 며느리가 집을 나간 뒤
큰아들이 새 사람을 맞아 따로 나가 살면서
아이들은 할머니 차지가 되었다
아들은 아이들을 보러 자주 들렀고
아들을 기다린다는 핑계를 붙여
집에 냄새가 배일까 대문 밖에 나서서
담배를 태우는 할머니는 빗방울이 조금만 들어도
옥상에 널어놓은 주인집 빨래를 걷어다

깨끗한 보자기에 싸서 갖다 두었다

처음에 큰아들이 방을 얻으러 왔을 때 주인은
딸린 식구가 너무 많아 거절할 생각이었지만
따라 온 아이들이 방을 둘러본 뒤
해맑은 탄성을 지르는 바람에 그만
고민하지 않을 수 없었다 그랬을 때
아들은 이 집을 꼭 얻어야겠다고 마음먹고
그새 혹시 집이 나갈까봐
새벽마다 주인이 붙여 놓은 전세광고를
몰래 떼고 다녔다 솔직히 말했다

1층으로 보낼 양푼이 없는 2층에서는
아래층 손녀가 중학교에 입학했을 때
MP3를 축하 선물로 담아 보냈을 뿐인데
퍼내어도 다시 쌓이는 사리암 관음굴처럼
끝없는 답이 양푼에 자꾸만 담겨져 왔다
아래층 방에 깃든 징크스처럼 주인은
할머니가 오래 건강하시고 이사 나갈 때는 꼭

좋은 집을 장만해 나갔으면 하는 마음만
쭈그러진 양푼에 넘치도록 담아 보냈다

새벽길
—산복도로 · 98

무서리가 창백하게 모여 있는 골목길
앞서 밟고 지나간 발자국이 힘주어
검은 빛으로 납작 엎드렸다
망설임도 없이 어디로 흘러간 걸까
흔적을 밟고 따라가면 안심이 되었지만
밤을 지키던 개들은 짓지 않고
외등 불빛은 이내 물러날 어둠을 향해
벌써부터 희미해졌다
거친 벌판 키 작은 풀이 아니라도
여명에 목말랐던 낮은 집들끼리
지나가는 발자국 소리에 깨어났는지
창을 열고 빛을 맞아들였다 난
눈감고도 갈 수 있는 새벽길이 좋아
푸른 돌을 밟고 내내 걸었다

질경이
—산복도로 · 99

하늘동네 못생긴 질경이 한 분은
선거 때만 되면 새로 포장되는 골목길
시멘트 바닥 두 겹 세 겹 갈라진 틈에 뿌리박고
밟힐수록 꿋꿋하게 일어섰다 오래도록
납작하게 엎드려 떠나실 줄 몰랐다 그분은
별을 바라보는 일로 밤을 지새고
발자국 소리로 해를 배웅하는
이십일 세기를 향하여 비탈진 우리 동네
무엇이 좋아 아직도 남아서 사는 건지
쪽방에 드는 겨울 작은 햇살에도
빨간 손 쬐며 호호 새파랗게 눈을 뜬다
어린 새끼 건사하며 눈 맞추고 살 때
곁에서 그저 좋은 늙은 왕벚나무가
안으로 밀려드는 봄을 대신 터뜨렸다

자주 걷는 길

—산복도로 · 100

날 추락시키지 않고 산복도로
높은 지위를 유지해 준 것 고맙다
아침저녁 걸었어도 물리지 않던 길
북항을 툭 터서 가슴 높이로 보여 주었고
멧비둘기 머리 위로 가끔 지나
까치 노래에 배시시 웃음 띠던 출근길
오륙도 동 터 오는 아침을 만나며
두 다리를 받들어 너를 걸었다

위태롭게 비틀거리는 내 꽁무니를
말없이 감춰주던 순종하는 아내처럼
미소로 구부러져 앞서 가던 길
비 오는 날 젖은 발로 새겨 넣던 몸 생각에
쿵쾅거리는 소리로 너를 불렀지만
그때도 흔들리지 않고 너는 새 신부
처음 얼굴로 날 받아 주었다
고맙다 내려다보며 목이 메던 길

발문/ 강영환의 산복도로

내 문학의 요람〈4〉-조송현

부산, 창작의 샘터⑧-최학림

작품 속 부산〈18〉-최영철

□ 발문

시인 강영환의 초량동 산복도로

조 송 현

초량 산복도로 길옆에 망초꽃이 피었다
우리나라 각지 들이나 길가에
저절로 피는 망초꽃이 나와 이웃하여
빈손으로 태어나도 꽃을 피울 줄 아는 민망초
길경이와 이웃하여 보내는 작은 눈짓을
내게도 보내어 준다
오늘날 우리에게 사랑한다는 의미는
무엇일까
우리나라 각지 망초꽃이 핀다
산복도로
길옆에 나와 이웃하여
작은 사랑이 핀다

강영환의 시 「망초꽃 사랑」 전문

'산복도로' '이웃하여' '사랑'이란 단어는 시인 강

영환의 시에 빈번히 등장하는 시어들이다. 특히 '산복도로'는 연작시의 제목으로 쓰였는데 그의 첫시집 『칼잠』(도서출판 詩路.1983)에 열 다섯 편이 실려 있기도 하다.

인터뷰를 위해 강 시인을 만난 것은 지난 주말 오후 부산 중구 중앙동의 '책펴냄열린시' 사무실. 부산컴퓨터과학고(옛 선화여상)교사이자 '책펴냄열린시' 주간인 그는 이곳을 제2의 근무처로 삼고 매일 오후 6시쯤이면 출근하고 있다.

강 시인을 처음 만났을 때 그는 술이나 한 잔하자며 불문곡직 기자의 손목을 잡아끌었다. 그와 대작을 하면서 훔쳐 본, 밭이랑 같은 눈가의 주름살에도 소년처럼 해맑은 그의 모습에 나도 모르게 기분이 좋아짐을 느꼈다. 그때의 기억을 떠올리며 시 얘기를 좀 들려달라고 하자 그는 책상 위에 올려놓은 시집들을 가리키며 "내 시는 이 시집들을 보면 될 거고 어디 가서 술이나 한잔 하지 뭘…" 하며 쑥스러워 했다.

해가 지기 전에 사진을 찍기 위해 초량동 산복도로를 향했다. 택시가 메리놀 병원 앞을 지나 산복도로로 접어들 무렵 그에게 물었다. "어떤 계기로 산복도로 같은 소재로 시를 쓰게 됐습니까." 의외로 대답은 간단했다. "거기서 오래 살다보니 그렇게 됐어요." 경남 산청에서 태어난 그는 초등학교 시절

경찰공무원인 부친을 따라 전남 여수에서 잠시 살다가 초등학교 6학년 때 부산 영주동 산복도로 근처로 이사 왔다고 했다. 그리고 고등학교 1학년 때부터는 줄곧 초량동 산복도로 근처에서 살았다는 것이다. 말하자면 그는 '산복도로 키드' 였던 것이다.

초량동 산복도로 금수사 근처에 왔을 무렵, 기자는 자작 애송시 한편을 들려달라고 청했다.

옆으로 누워 드는 잠은
무너지기 쉽다
…
이웃의 어깨 너머로 보이는 이웃들의
엎어지지 않고 뒤집어지지 않고
용케 드는 잠
마루바닥에 날을 세워
차가움은 뼈 속 깊이 사무쳐도
이웃과 이웃의 어깨에 부딪혀
끈끈한 체온 속으로 실어 나른다
호명 당하여 떠나간 이웃
돌아오지 못할 때
오, 옆으로 누워 드는 잠은
자주 자주 목이 마른다

강영환 첫 시집의 표제시 「칼잠」 전문

차가운 마루바닥에 칼잠을 자면서 이웃 간의 체온의 나눔이 없다면 추위에 얼마나 떨 것인가. 이웃과의 관계를 이 시만큼 감동적으로 노래하고 있는 시는 흔치 않을 것이다.

"산복도로의 서민들은 모두 나의 이웃이고 친구였지요. 시인인 내가 우리 이웃들의 얘기를 시로 쓰는 것은 당연했지요." 시인은 특별한 존재가 아니라 이웃과 체험을 공유하고 보다 나은 삶을 지향하는 우리의 동료라는 얘기다. 그의 이 같은 이웃사랑은 첫 시집 『칼잠』에 이어 『불순한 일기 속에서 개나리가 피었다』, 『이웃 속으로』, 『황인종의 시내버스』 등으로 거의 모든 시집을 망라한다.

그는 현실의 고난과 장벽을 극복하기 위해서 이웃과 삶을 함께 하려는 의지를 보이지만 선불리 현실에 분노를 터뜨리거나 개혁해야 한다고 외치지는 않는다. 왜 그랬을까.

"'산복도로 서민들의 삶은 불행하다'고 단정 짓는 것은 평지사람들의 편견일 수 있지요. 그들 속에 있는 나는 그들을 인간적인 시선으로 봤어요."

산복도로를 내려와 우리는 부산역 앞의 한 한식집에 들렀다.

반주를 주고받는데 기습하듯 그가 물었다. “오늘날 우리에게 사랑한다는 것의 의미는 무엇일까요.” 머뭇거리는 기자에게 그는 자답했다. “인간이 인간답게 살아가기 위한 최소한의 조건이 아닐까요.” 순간 머리를 스치는 생각. 자신과 이웃이 인간답게 살아가기 위한 최소한의 조건인 사랑을 고집스럽게 노래하는 것이 바로 강시인의 휴머니즘이 아닐까.

'사랑이여, 그것은 뜨거운 나의 살이다
풀숲을 헤치는 바람같은 그대 손길에도
터억 막히는 숨을 어쩔 수 없나니
아픔 없이는 그대와 나눌 수 없는 사랑
…

강영환의 시 「겨울도시에서 띄우는 편지 · 43」 중에서

어느새 자정을 넘긴 시각, 머리 속에 떠오른 강 시인의 사랑 노래가 취기와 함께 혈관 속으로 따뜻하게 흘러드는 느낌이었다.

〈국제신문, 2000/07/19일자〉

시인 강영환과 초량 산복도로

최 학 림

그날 강영환 시인의 삶이 나부꼈다. 부산 동구 초량 6동 산복도로에는 오후의 바람이 불었다. 날씨는 우중충 눈이 올 듯 을씨년스러웠고, 바람은 시인의 입술에 메마른 흔적을 남기며 스쳤다. 집 위의 집, 골목 사이의 골목, 사람 사이의 사람, 그 속에서 그는 40여년을 살았다. "말뚝 체질인가 봐요." 초등학교 6년 때 경찰공무원이던 아버지를 따라 전남에서 부산으로 이사 와 영주동, 수정동에서 살았고, 고교 1년 때인 1967년부터서 살고 있는 곳이 지금의 초량 6동이다. 당시 산 5번지 판자촌이었다.

"루핑 집이라고 압니까? 콜타르 기름을 묻힌 종이를 지붕으로 얹은 판잣집이었죠." 우장창 가재도구 부서지는 이웃의 싸움 소리와 울음소리가 가슴을 할퀴던 곳, 택시 기사도 올라가기를 꺼리던 곳, 그곳에 산나는 것이 부끄러웠던 곳…, 그곳이 부산의 산복도로였다. 그러나 그때 누가 '부산의 산복도로'를 마저 알았겠는가?

그는 "'산복도로'라는 단어는 사전에 없다"라고

말했다. 83년 첫 시집 『칼잠』에 '산복도로' 연작을 실었는데 다른 지방의 문우들이 "산복도로가 뭐냐" 라고 고개를 갸우뚱했다. 그것은 차라리 부산의 역사 속에 있고, 삶 속에 있고, 그리하여 그의 시 속에 있다. 50년대 한국전쟁으로 피난민들의 물결이 국토의 끄트머리 부산에 밀려왔고, 그 처절한 아우성들이 매달린 가파른 경사가 산복도로의 비탈이었다. 그러나 그 비탈이 삶의 심부에 적중하는 각도라는 걸 누가 알았겠는가? 그는 산복도로를 "부산을 이룬 것의 고갱이기 엉겨있는 곳"이라고 애써 말하지는 않았다. 다만 그는 "산복도로의 집 방 마다에서는 바다가 훤히 다 보였다"고 말했다.

고단한 삶과 시원한 전망이 얽혀 있는 곳…. 그는 "고단한 삶이 생의 진수"라고 했다. 산복도로에 서면 고단한 삶이 종내는 시원한 전망이 되어버린다는 것이다. 그는 "그것이 부산이 부산일 수 있고, 삶이 삶일 수 있는 이유"라고 말했다. 왜 이사하고 싶지 않았겠는가. 하지만 그는 "이게 사는 거다. 이런 게 사람이구나라는 걸 산복도로에 살면서 차츰 알게 되었다"고 말했다. "내 시의 영원한 주제는 이웃입니다."

살아 있음이여 살아 있음이여

칠흑의 벌판에서 눈으로 만나는 우리
불로 춤추려 한다
(중략)
멀리 있는 이웃을 부른다'

강영환의 시 「늑대의 춤」 중에서

이곳에서는 삶의 가장 기본적인 수신호를 스스럼없이 나눈다. 아래윗집 간에 떡과 음식도 여전히 나눠먹고, 돈도 급할 때는 기십만 원 씩 빌려주기도 한다. 물론 떼먹는 경우는 전혀 없다. 외출했을 때 비가 오면 이웃에 전화해 빨래 좀 걷어달라는 부탁도 하는데 그것은 옥상이 다닥다닥 붙어있다고 가능한 게 아니다. 어떤 냄새 때문에 가능하다. '작은 눈 서로 맞추고 있을 때/ 말없는 눈빛 속으로 흐르는 냄새 그것'(「하산- 열린도시 · 1」중에서) 때문이다. "3년 전 아들 혼자만 있는 집에 세탁기 모터 과열로 불이 났어요. 외출 나갔다가 화들짝 놀라 달려와 보니 이웃들이 소방차도 오기 전에 불을 완전히 다 껐더군요." 시인의 이웃에는 시인보다 이곳에 더 오래 살아온 디?대갑들이 많다고 한다. 그는 "동네를 옮겨서 아름답게 꾸미기보다 자기가 살고 있는 동네를 아름답게 바꾸는 것이 중요하다"고 했다. 그는 이 동네에 발목 잡혔다(?). 예전엔 이사하려고 하면 동장이 나서서 막았다. 지금은 이웃의 한 대학생이 "강 선생님도 이곳에 살고 있다"며 다른 데 이사 가지 않겠다고 말할 정도이다. 한때 택시기사도 올라오기를 꺼렸던 곳이 이렇게 변한 것이다.

우리말 '함께하다'에서는 '함께'와 '하다'를 띄워 쓰지 않는다. 말 그대로 '함께하기' 때문이다. 그는 "미우나 고우나 함께 가야하는 것이 사람이다"라고 했다. 그는 몇 해 전부터 부산민예총의 회장 일을 맡고 있다. 기관지를 만들었는데 제호를 '함께가는 예술인'이라고 만든 이는 그이다. 함께 가고, 함께 하는 것이 이웃이고, 사람이며, 그리고 예술이라는 것이다. 그는 11권의 시집과 2권의 시조집을 냈는데 여태껏 빠지지 않는 것이 산복도로 시이다. '밟을수록 솟아오르는 길이 있다/ (중략) 눈물겨운 피난살이 오르막길 범냇골에서 성북고개를 넘어 범일, 좌천, 수정동을 지나 한숨 돌리는 곳, 초량 조그만 산동네 나는 거기에 산다'. 이 시가 실린 시집 이름은 '눈물'이다. 그는 부산컴퓨터과학고에서 교사로 26년째 재직하고 있는데 그 학교도 집에서 1㎞ 남짓 떨어진 산복도로 주변에 있다. 그 일대가 '부산'이다.

〈부산일보 2005/03/02일자 025면〉

강영환 시 '산복도로'

최 영 철

산복도로는 지상의 길이지만 지상이 아닌 허공을 달린다. 길은 하늘에도 있고 바다에도 있지만 지상의 길은 층층으로 겹을 이루고 있다. 지하와 평지와 고가와 산복으로 뚫려 있다. 그 길들은 제각기 따로 떨어져 있지 않고 언젠가는 다시 만난다. 올라갔던 길은 내려오고 내려왔던 길은 다시 올라간다. 하늘의 정점에 창공이 있고 바다 저 아래 심해가 있으나 길들의 높낮이는 우열이 없다. 시작과 끝이 없다. 높이 올랐다고 으스댈 즈음이 곧 하강의 지점이고 캄캄한 나락이라고 여겨진 순간이 곧 상승의 지점이다. 평지가 순탄한 평화에 젖어 있을 무렵 길은 여지없이 하강하거나 상승한다.

부산은 이 층층의 길들을 모두 얼싸안고 있다. 하늘길 바닷길은 물론이고 지하와 지상과 고가와 산복도로를 함께 거느리고 있다. 기질 역시 여러 갈래다. 부산의 기질을 탁 트인 해양성만으로 가늠하는 것은 충분치가 않은 듯하다. 대범하고 활기찬 바다의 기운 못지않게 세심하고 내면적인 내륙의 기운

또한 병존한다. 또 그 상반된 두 기운이 섞여 만들어내는 미묘한 성향이 혼재한다.

산복도로는 부산이 만든 길 중 가장 상부에 위치한 길이다. 위치로는 높은 길이지만 경제 가치로는 낮은 길이다. 낮은 길이어서 가장 나중의 길인 듯하지만 가장 처음의 길이다. 오륙십 년대 부산에 정착한 사람들이 가장 먼저 둥지를 틀었던 처음의 길이다. 고향산천 일가붙이를 떠나 빈손으로 배수진을 친 곳이다. 그런 점에서 산복도로는 가장 막다른 길이다. 더 이상 선택의 여지가 없었던 가장 나중의 길이다.

그런 산복도로는 높지도 낮지도 않은 중심에 있다. 산의 복부, 산의 허리, 산의 중간을 관통하는 도로다. 이쪽저쪽 위아래에 사람들의 마을을 옆구리에 끼고 있다. 오늘의 부산을 땀 흘려 일군 주역들이 살고 있다. 돈 모아 일찌감치 저 아래 동네로 내려간 사람도 있고, 산동네 달동네의 인정이 좋아, 저 아래 탁 트인 넓은 시야가 좋아, 그대로 눌러 사는 사람도 있다. 어서 부지런히 돈 모아 반듯한 제 집을 가지려고 땀 흘려 가파른 비탈길을 오르내리는 사람들이 있다.

좌판 위에서 종일토록
가랑비를 맞고 있다

내장에까지 젖는 빗소리
맨살에 닿는다
매서운 눈 꼬리를 치켜뜨고
산을 넘고 넘어서
사람들은 그냥 지나가 버리고
일어설 수 없는 비늘
터지면서 부러지면서
끝끝내 까무라친다

껍질 벗긴 꼼장어가 맨살로 엉겨
꼬무작거리고 있다
좌판 위에서 최후까지
목이 쉬어 남아 있는 바다
천천히 토해내면서
이글이글 불타고 있다
여름 햇살
붉은 팔뚝으로 남정네들이 떠나간 바다
떠나서 돌아오지 않는 바다를
큰물로 앉아 꿈틀거린다

강영환 시 「산복도로 · 10 -생선장수」 전문

좌판 위에 내리는 가랑비는 산복도로 사람들의 순탄치 않은 세월처럼 추적추적 내린다. '내장에까지 젖는 빗소리'는 혹독한 삶의 시련과 매정하게 지나치는 사람들의 차가운 시선이다. 터지고 부러지고 까무라치는 비늘은 좌절하는 산복도로의 일상이다.

그러나 산복도로는 새벽마다 다시 깨어나고 있다. 껍질 벗겨진 꼼장어들이 맨살로 엉겨 꼬무작거리며 살아나듯이. 좌판 위에서 최후까지 목이 쉬어 이글이글 불타고 있다. 산복도로 주민으로 첫 시집부터 지금까지 30여 편의 산복도로 연작시를 써 온 시인 강영환의 산복도로 순례는 이렇게 진행 중에 있다.

산복도로의 근육은 난단하다. 구비치는 2차선으로 부산의 허리를 질끈 동여매고 달린다. 산복도로는 부지런했으나 가난했다 가난했지만 쉽게 낙담하지 않았다. 무슨 술수를 부리지도 않았고 널뛰기를 해 공과를 부풀리지도 않았다. 저 아래 평지의 삶을 부러워하지도 않았다. 아픈 허리를 곧추세우며 이마에 흐르는 땀을 닦으며 저 아래 평지를 아우르며 살았다. 산복도로의 그런 넓은 아우름은 무동을 타고 바라보는 세상과 같다. 산복도로에 산다는 것은 아래의 시처럼 무동을 탄 높고 넓은 시야를 가진다는 것이다.

무동을 타고 아이야
바다를 보아라
네 눈의 높이까지 바다를 이끌고

바다 속 깊이까지 속속들이
제방을 타고 넘는 속마음을
무동을 타고 아이야
우리들이 지닌 수족으로 갈 수 없는
수면 위로 명멸하는 금은의 나라
지켜 선 등대
담 너머에서는 무엇이 이루어지는가를
꿈 먹은 눈으로 손짓해
키 작은 아이에게 일러주며
무동을 타고 아이야

강영환 시「산복도로 · 4-明童이」전문

산복도로에는 권영술 그림 '달동네'(캔버스에 유채,117×91㎝,1986)에서 보듯이 위아래 이쪽저쪽으로 포개어져 살 부비는 삶이 있다. 달은 해처럼 떴다 지는 것이 아니라 언제나 그 자리에 있다. 다만 태양이 잘 지나가도록 잠시 고개를 숙였을 뿐이다. 달은 태양처럼 으스대지도 않고 어둠과 그늘을 밀어내지도 않는다. 묵묵히 제 자리에서 그 빛과 기운만으로 은은하다.

달동네 사람들은 달의 부름을 받고 일어나 이제 막 떠오르고자 하는 해를 지상으로 등짐 져 나르는 사람들이다. 산동네 사람들은 그렇게 쏘아올린 해를 저녁이면 다시 공손히 받들어 등짐 지고 돌아온다. 산복도로에는 그 일을 수행하는 달동네 사람들이 산다. 권영술의 그림 속에 그들의 집이 있다. 그림 속에서 아른아른 피어오르는 훈김과 구수한 된장국 냄새를 맡았다.

그 처소는 궁색할 수는 있으나 옹기종기 붙어사는 살가움이 있다. 불편할 수는 있으나 불안하지는 않다. 남루할 수는 있으나 걸릴 것 없는 자유가 있다. 달동네와 산복도로는 두둑한 배짱이 있다. 씩씩하다. 걸걸하다. 달의 부탁을 받아 해를 운반하고 있는 신성한 과업이 있다. 달은 그렇게 하루 일과를 마치고 오르막길을 올라오는 사람들을 따스하게 비추고 있다.

〈부산일보, 2006/07/08일자〉